親鸞の肖像　（「鏡御影」，京都市，西本願寺蔵）

上：信心で救われるか，修行で救われるかの論争（『親鸞伝絵』「信行両座」の場面，京都市，真宗大谷派［東本願寺］蔵）

左：親鸞，法然より『選択本願念仏集』と「肖像」を授かる（『親鸞伝絵』，京都市，真宗大谷派［東本願寺］蔵）

おほよそ源空聖人存生のいにしへ他力

上：**親鸞示寂の地に建つ石碑**　弘長2年（1262）11月に親鸞（見真大師）が死去した善法坊の跡地（今の京都市中京区）にある。アフロ写真提供

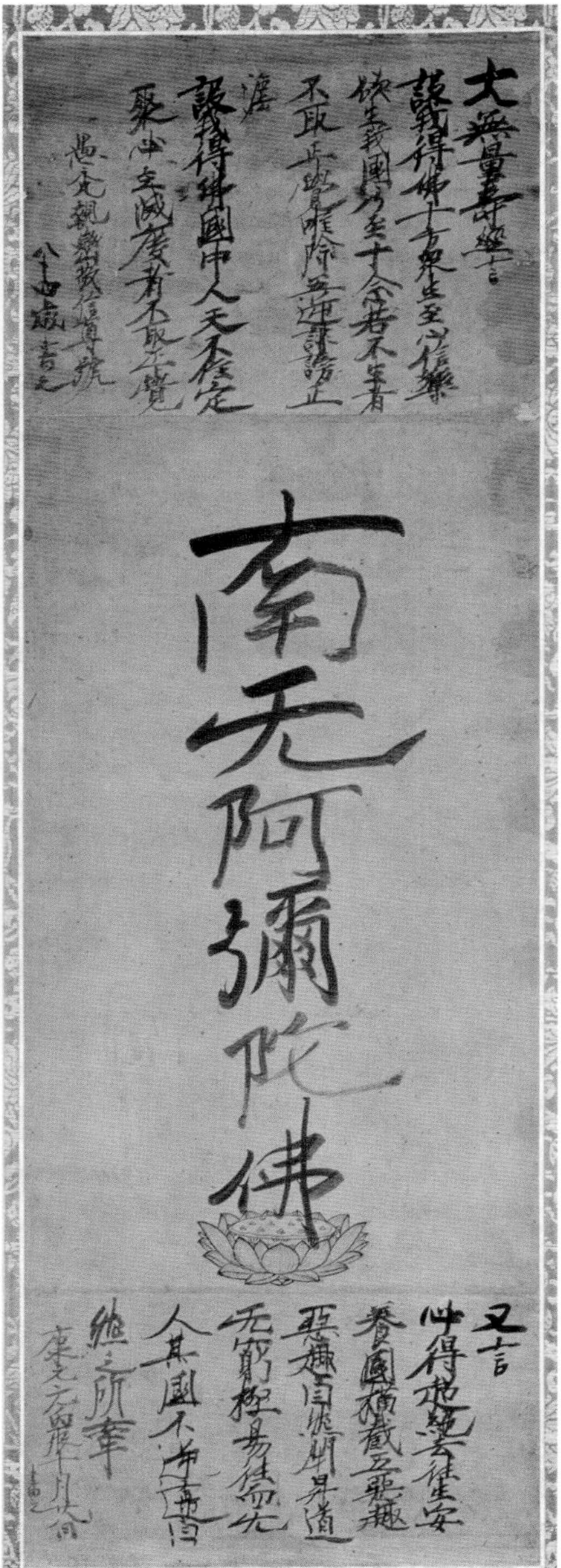

右：**親鸞筆の名号本尊**（京都市，西本願寺蔵）

新・人と歴史 拡大版 40

親鸞
人間性の再発見

千葉 乗隆 著

SHIMIZUSHOIN

本書は「人と歴史」シリーズ（編集委員 小葉田淳、沼田次郎、井上智勇、堀米庸三、田村実造、護雅夫）の『親鸞』として一九七三年に、「清水新書」の『親鸞――人間性の再発見――』として一九八四年に刊行したものを表記や仮名遣いなど一部を改めて復刊したものです。なお、引用史料中の（ ）内の漢字は編集部による註記です。

まえがき

人間が生命を維持するためには、炭水化物・脂肪・タンパク質・無機質およびビタミンの五大栄養素が必要である。科学的計算では、これら栄養素をそれぞれ必要分だけ補給していけば、一応、人体を維持できるという。しかし、こうした肉体の栄養素補給と同時に、精神の栄養素を補給する必要がある。ただ精神栄養素の補給については、カロリー単位で計算できず、五大栄養素の欠乏にみられるように、欠乏症状の徴候が直ちに外面に現われにくいものがある。だが精神栄養素の補給が必要なことは、科学者も認めるところである。その精神栄養素の供給源になるのは、宗教であるといえよう。

五〇〇万年以上前、地球上に姿を現わしたという人類は、いつしかこの宗教という精神栄養素を見いだした。二三〇〇年前、インドの釈迦は、精神栄養素の中に、仏教という新栄養素を開発した。仏教は、中国・朝鮮を経由して日本に伝えられ、多くの人びとによって、さらに精選され、その効能をたかめた。しかし、日本の古代社会において、この栄養素は、あまりにも高価であったがため、貴族階級などの特権社会で独占売買され、一般庶民には入手しがたい状態であった。これを安価に、かつ、服用しやすく改良し、ひろく民衆の中に手渡したのが親鸞である。

親鸞の改良した栄養素は、七五〇年間に、数千万の生命を維持し、今もなおこの栄養素によって、生命をささえている人びとが存在する。わたしの父もまたその一人であった。

わたしの父は、昨年（昭和四七年）の旧暦一一月二八日、奇しくも、親鸞が九〇年の生涯を閉じたと同じ月日に八七歳で死去した。死に臨んで「このままのおたすけだ。ただ、お念仏ひとつだ。ありがたいのう。なむあみだぶつ」という言葉を、終日くりかえしつつ息たえた。それはまったく親鸞に傾倒した生涯であったといえる。

父は親鸞の流れをくむ浄土真宗の寺に生をうけ、六六年間にわたって住職をつとめた。その間、四〇歳のころ、それまでの生き方に疑問をいだき、寺を捨て、真実を求めて、開法の旅にいでたち、横田慶哉の導きによって、親鸞の念仏の真意にふれた。

そのころ京都大学の学生であり、のちの日本ヴィール学会長の東昇博士は、横田慶哉についてつぎのようにいっている。

私は一日、名僧、横田慶哉師の説法を聞いたことがある。烱々《けいけい》たる眼光、声高らかな念仏もろとも仏の慈悲を説き去り説き来たる舌端《ぜったん》火を吐く大説教、日蓮《にちれん》上人の辻説法もかくぞやの大獅子吼《だいししく》であった。聞き入る参詣衆は、念仏のルツボにたたきこまれ、文字通り法雨《ほうう》にぬれている。法悦《ほうえつ》にしびれきっている。随喜して南無阿弥陀仏《なみあみだぶつ》を高らかに称《とな》え、それは念仏の大合唱となり堂もわれんばかりだった。私はそのただならぬ雰囲気にまったく呑まれ、圧倒された。生まれて始めて聞いた大説法だった（東昇著『力の限界―自然科学と宗教』）。

横田慶哉のもとを辞した父は、寺に帰り、一人でも多くの人びとに親鸞の念仏を伝えようとつとめた。寺は、四国の徳島市から西へ、吉野川にそって五〇キロほどさかのぼると、南に四国山脈、北に阿讃山脈がせまってくる山あいの村にあった。寺の門徒は、大半が山地に散在する。今では自動車道が山地の部落に縦横に通じているが、数年前までは、徒歩で二、三時間も要した。父の在職六六年の大半は、この山地の部落への辛苦《しんく》の歩みで占められていた。しかも、父は生涯病弱で、十二指腸潰瘍《かいよう》で倒れること六回、七九歳のときには直腸癌《がん》の手術をうけ、その度ごとに奇蹟的に回復し、七転び八起きでダルマのようだと自称していた。とくに第二回目の発病のとき、やはり親鸞の忌日《きじつ》の一一月二八日に仮死状態におちいり、死亡したとさえいわれたことがある。

父の生活は、親鸞と共にある日々であった。それは、あたかも親鸞が師法然にたいし全面的な傾倒を示し、「親鸞にを（お）きては、ただ念仏して弥陀にたすけられまひらすべしと、よきひとのおほせ（仰）をかぶりて信ずるほかに、別の子細なきなり。念仏は、まことに浄土にむ（生）まるるたねにてやはんべるらん。また地獄におつべき業にてやはんべるらん。惣じてもて存知せざるなり。たとひ法然聖人にすかされまひらせて、念仏して地獄におちたりとも、さらに後悔すべからずさふらふ（候）」（『歎異抄《たんにしょう》』）と。こうした親鸞と法然との関係を、親鸞と父との間にも見ることができる。親鸞の「いのち」が七〇〇年の時をこえ、現代にうけつがれ、親鸞の開発した念仏栄養素が、現代人の生命をささえている実例をみることができた。父が生涯病弱の身でありながら、八七歳まで生存することができたのは、この精神栄養素の補給が十分にされていた結果であるといえよう。そして、この栄養素を、父はひとり占めにすることなく、多くの人びとにわかち、共に生きぬく活力素としたのであった。こうして七〇〇年の歴史をこえ、今もなお生きつづける親鸞の「いのち」が、いかにしてつちかわれてきたかを探ってみよう。

昭和四八年三月

著者しるす

目次

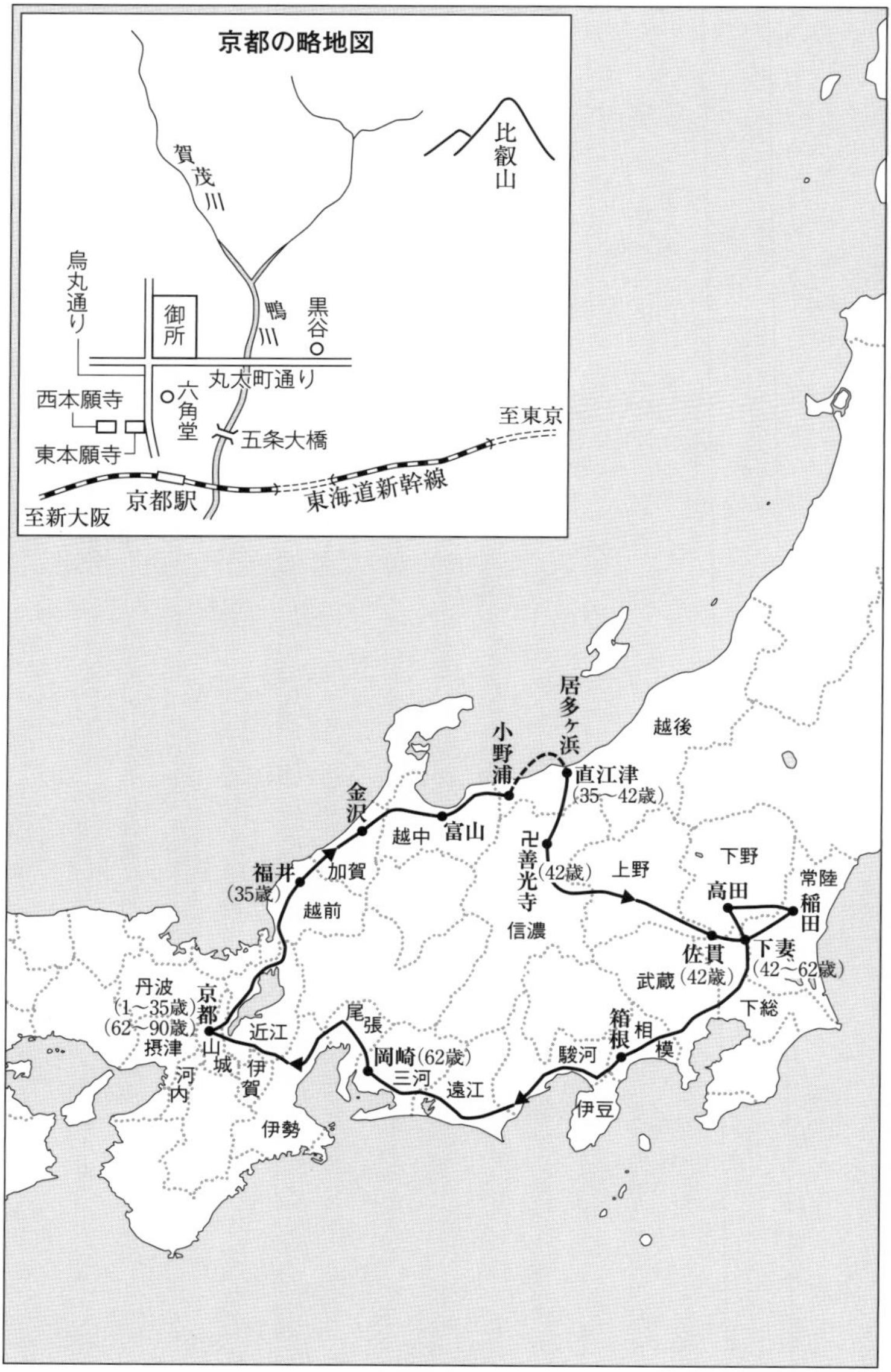
京都の略地図
比叡山
賀茂川
鴨川
黒谷
烏丸通り
御所
丸太町通り
六角堂
西本願寺
東本願寺
五条大橋
至東京
京都駅
東海道新幹線
至新大阪
居多ヶ浜
小野浦
直江津
(35～42歳)
越後
金沢
富山
越中
善光寺
(42歳)
上野
下野
常陸
福井
(35歳)
加賀
越前
信濃
高田
稲田
佐貫
(42歳)
下妻
(42～62歳)
武蔵
下総
丹波
(1～35歳)
(62～90歳)
京都
箱根
相模
摂津
山城
近江
尾張
岡崎(62歳)
駿河
河内
伊賀
三河
遠江
伊豆
伊勢

親鸞の足跡

I

末世の到来

末法濁世《まっぽうじょくせ》

❖平安仏教の変貌《へんぼう》

最澄《さいちょう》・空海《くうかい》のはじめた天台・真言の両宗は、その後急速に呪術化《じゅじゅつか》へと傾斜しはじめる。

平安仏教は、一面には国家を護るという使命をになっており、それを充足させるものとして加持祈禱《かじきとう》の密教《みっきょう》的側面が重視された。日本では古来から神の怒りが天災地変をおこし悪病を流行させると考え、その神の怒りや怨霊《おんりょう》・物怪《もののけ》をしずめるものとして、密教が登用された。密教の加持祈禱の修法《しゅほう》に息災《そくさい》・増益《ぞうえき》・降伏《こうぶく》・愛敬《あいきょう》の四つがある。天災地変をやめさせ、利益を増し、兵乱を治め、人びとに幸福をもたらすというのである。これはやがて個人的欲望の満足にも利用され、修法にすぐれた僧や霊験《れいげん》のある仏寺が人びとに重んぜられた。なかでも延暦寺《えんりゃくじ》と東寺の灌頂会《かんじょうえ》は著名で、朝廷の公式行事として認められていた。

密教の儀式をはじめとし仏教行事には、貴族をはじめ庶民にいたるまで強い関心をもっていた。『栄華物語《えいがものがたり》』にみえる藤原道長《ふじわらのみちなが》（九六六－一〇二七）の宗教生活は、正月には御斎会《ごさいえ》の講師を招いて仏事を修し、比叡山《ひえいざん》にのぼって四季の懺法《せんぼう》に参る。二月は興福寺《こうふくじ》の涅槃会《ねはんえ》、三月には志賀の弥勒会《みろくえ》、四月は比叡山の舎利会《しゃりえ》、六月には伝教御忌日《でんぎょうおんきじつ》、七月は興福寺の文殊会《もんじゅえ》、八月は比叡の山の念仏、九月は東寺の灌頂会、十月興福寺維摩会《ゆいまえ》、十一月比叡山霜月会《しもつきえ》、十二月には公私の仏名会《ぶつみょうえ》というように定期の行事には必ず出席し、また臨時の法会にも参加し、さらに私宅・氏寺《うじでら》の行事にも顔をだすなど、その日常の過半を仏教行事についやしている。これは道長がとくに仏教に深い関心をもっていたためでもあるが、しかし当時の人びとは、多少にかかわらず、仏教とはまったく無関係に世を過ごすことはできなかった。

庶民と仏教の接触について、古くは行基《ぎょうき》が難波の堀江で法会を催していたとき、参会者の中に女人の同伴した幼児が泣きだして説法をさまたげたといい、庶民の参加していたことが知られる。平安時代にはいると観音菩薩や地蔵菩薩をまつる行事に、多くの民衆が参会している。たとえば、祇陀林寺《ぎだりんじ》の地蔵講は、これに参加した者は病気にかからないということから人びとが群れ集まった。京都の七条辺のある女は、死んで地獄におちたが、生前に一度だけ祇陀林寺の地蔵講にお参りしたことがあるので、地蔵菩薩が地獄の苦しみを代わってうけてくれたという話など、地蔵講にまつわる利益談《りやくだん》は多い。

空也《くうや（こうや）》（九〇三―九七二）など市聖《いちひじり》（阿弥陀聖）による念仏の庶民層への普及もめざましいものがあった。空也は、諸国をまわって念仏をすすめるかたわら、道路修理や橋の架設、井戸堀、死人火葬などの社会奉仕をも行なった。空也と彼をうけつぐ聖たちの努力によって、念仏は次第に民衆の中に定着していった。

しかし、地蔵講や観音講、市聖のすすめる念仏にしても、それは呪術的《じゅじゅってき》な面においての民衆接触であった。貴族は庶民にくらべ仏教により近い関係にあった。しかしこれも現世利益的《げんぜりやくてき》、呪術的ないしは美的陶酔《とうすい》としての仏教把握にすぎなかった。それは悟りという仏教の本質を認識するということからはほど遠いものであった。仏教の呪術的認識と深いつながりを持つものに陰陽道《おんみょうどう》がある。

❖陰陽道

このころの人たちは、ものいみ（物忌）をさかんに行ない、家にとじこもってひっそりと謹慎し、悪事のおこることをさけようとした。これは陰陽道の禁忌《きんき》にもとづくものである。陰陽道は、中国で発生した思想で、万物の構成を陰《いん》と陽《よう》、木《もく》・火《か》・土《ど》・金《きん》・水《すい》の五行に分け、人間界の吉凶《きっきょう》禍福《かふく》なども、陰陽・五行の作用によるとした。そこで卜筮《ぼくぜい》（うらない）や祈禱《きとう》をして吉凶を判断し、わざわいがおこらないうちに防止しようとした。そのため、いろいろとタブー（禁忌）が設けられ、旅立ち・帰宅・結婚・葬式など人事百般に関し、年・月日・時刻・方位などについて吉凶が定められ、それに従って行動した。ものいみの日は、以前からきまっている場合もあるが、前夜に不審な夢をみたので占ってもらったら、辰《たつ》の日は慎しむべしということでものいみをするという状態であった。このものいみは貴族・庶民を通じてひろく行なわれ、その日常生活をいちじるしく規制していた。

たとえば、藤原（九条）師輔《もろすけ》（九〇八―九六〇）は、毎日の心得を列挙した『九条殿遺誡《いかい》』の中につぎのようにしるしている。

朝起きると、まず自分の属する星の名を、低い声で七回となえる。というのは人は生まれると、北斗七星のどれかに所属すると考える。子《ね》年の人は貪狼星《どんろうせい》、丑《うし》と亥《い》の年は巨門星《きょもんせい》、寅《とら》・戌《いぬ》の人は禄存星《りょくぞんせい》、卯酉《うとり》は文曲星《ぶんきょくせい》、辰申《たつさる》は廉貞星《れんていせい》、巳未《みひつじ》は武曲星《ぶきょくせい》、午《うま》年の人は破軍星《はぐんせい》に属する。その自分の属する星をまつれば、しあわせがくると信じられていた。つぎに鏡で自分の顔をみ、暦で日の吉凶をたしかめ、歯をみがき、西に向かって手を洗う。ついで仏の名をとなえ、自分の信仰する神を念ずる。昨日の出来事を日記につけてから朝食のカユをたべ、髪にクシを入れる。男ならば三日に一度髪の手入をすればよい。そののち丑《うし》の日には手の爪、寅《とら》の日には足の爪をきる。五日目ごとに入浴するが、毎月の一日に入浴すると短命、八日にすると長命、一八日に入浴すると盗賊にあい、午《うま》の日にはいると愛敬《あいきょう》を失い、亥《い》の日にはいると恥をかく。

こうして身体をととのえてから、宮中に出仕をする。その出仕の仕方についてもこまごまと記されており、その日常の生活が陰陽道による禁忌に支配されていたことが知られる。

『餓鬼草紙』（京都国立博物館蔵）

以上のような仏教や陰陽道などが、変転する時代に果たしてどのように対応し得たであろうか。

❖変転する社会

古代の律令体制は、平安時代後期の動乱に崩壊し、根本的な社会変革がなされ、武士の支配する新政権が樹立された。すなわち保元《ほうげん》（一一五六）・平治《へいじ》（一一五九）の乱は、宮廷・貴族間の対立にもとづくものであったが、その貴族社会の争いも、結局は武士の手を借りなくては、解決できないことを示し、武士が中央政界へ登場する道をひらくとともに、源平両氏の抗争の発端ともなった。源氏をおさえ、藤原氏に代わって政権をにぎった平氏も、やがて政権の座を源氏にゆずりわたすことになる。この政権争奪にともなう戦乱の続発、加うるに旱《かん》ばつ、凶作、飢饉《ききん》の発生は、深刻な社会不安をかもしだし、人びとの心を暗澹《あんたん》たるものへとかりたてていった。

治承《じしょう》四年（一一八〇）、平氏打倒の以仁王《もちひとおう》の令旨《りょうじ》が出された、やがて源頼朝《みなもとのよりとも》・義仲《よしなか》の挙兵によって、源平二氏の攻防が激化した最中、京都を中心に大飢饉がおこった。この飢饉の状況について、鴨長明《かものちょうめい》（一一五五―一二一六）は『方丈記《ほうじょうき》』の中につぎのように伝えている。

善和《ようわ》の頃とか、ひさしくなりて、覚えず。二年があひだ、世の中飢渇《きかつ》して、あさましき事侍《はべ》りき。或《あるい》は春、夏ひでり、或は秋大風洪水《おおみず》など、よからぬ事どもうちつづきて、五穀《こく》ことごとくならず。むなしく春かへし夏植うる営みのありて、秋苅り冬収《おさ》むるぞめきはなし。是によりて、国々の民、或は地を捨てて境を出で、或は家を忘れて山に住む。さまざまの御祈はじまりて、なべてならぬ法ども行はるれど、更にそのしるしなし。……前の年かくの如く、辛《かろ》うじて暮れぬ。明《あく》る年は立ち直るべきかと思ふほどに、あまりさへ疫癘《えきれい》うちそひて、まさざまにあとかたなし。世の人みなけいし（飢死《うえじに》）ぬれば、日を経つつ窮まりゆくさま、少水の魚のたとへに叶《かな》へり。はてには笠うち着《き》、足ひき包み、よろしき姿したる者、ひたすらに家ごとに乞ひ歩く。かく佗《わ》びしれたる者どもの、歩くかと見れば、則ち倒れ伏しぬ。築地《ついじ》のつら、道のほとりに、飢え死ぬる者のたぐひ、数も知らず。取り捨つるわざも知らねば、くさき香、世界に満ち充ちて、変りゆく容《かたち》ありさま、目も当てられぬこと多かり。況《いわん》や河原などには馬車の行き交《か》ふ道だになし。

この悲惨な飢饉の到来に、「さまざまの御祈はじまりて、なべてならぬ法ども行はるれど」もと密教の加持祈禱によって危機を脱出しようとしたが、一向にその効果はなかったという。

❖末法《まっぽう》思想

世の混乱に対処し、人心の不安を除去する役目を果たすべき仏教において、末法思想が台頭し、さらに一層その不安を深刻にした。末法思想とは、仏教における一種の歴史観ともいうべきもので、釈迦《しゃか》が入滅《にゅうめつ》した後の仏教を、正法《しょうぼう》・像法《ぞうぼう》・末法《まっぽう》の三期に時代区分する。正法とは、釈迦の死後一〇〇〇年間、その教えと、それを実践する行《ぎょう》、および行を修めた結果の証《さとり》の三つがともに正しく保たれる時代をいう。つぎの一〇〇〇年が像法の時代で、教と行とはあるが、肝心なさとりを得ることができないとする。正・像法二〇〇〇年が過ぎると末法にはいり、行・証ともになく、ただ教だけがのこり、人はいかに修行して、さとりを得ようとつとめても無駄であるという。日本では永承《えいしょう》六年（一〇五一）に末法にはいったとするが、翌年には長谷寺《はせでら》が焼け、つづいて戦乱・災害が続発し、末法到来を如実に物語るものと、人びとは末法濁世の感を深くしていった。

末法思想はすでに奈良時代にみられ、末法が近づくにつれて、その意識がたかまり、藤原時代に、如法経《にょほうきょう》を書写したり経塚をきずくことが流行するのもその現われである。この末法の人びとを導く教えとして浄土教《じょうどきょう》が急速に発達する。

❖浄土教の発展

現実の世界が苦しいからより切実に楽を求める、けがれているから清浄を求める、迷いがあるから真実を求めるというように、末法濁世の現実世界に夢を失った人びとは、希望をひたすら後の世にたくし、とこしえの極楽世界に生まれることを強く願うようになった。浄土教は、口に阿弥陀仏《あみだぶつ》の名をとなえ、心に阿弥陀仏の姿を念ずることによって、極楽の浄土へ生まれることができるという末法にふさわしい教えであった。貴族も庶民もみな阿弥陀仏の浄土への往生を願った。

阿弥陀仏の来迎（「阿弥陀聖衆来迎図」，高野山有志八幡講蔵）

法成寺《ほっしょうじ》の阿弥陀堂で、そのはなやかな六二年の生涯を閉じた藤原道長も、その手に、阿弥陀仏にひいてもらった紐《ひも》をしっかとにぎりしめて息たえた。彼の子頼《より》通《みち》は、末法にはいった翌年、父からゆずりうけた宇治《うじ》の別荘を寺とし平等院と称した。そのあくる年には、阿弥陀仏像を安置した鳳凰堂《ほうおうどう》が完成した。堂の扉には、阿弥陀仏が菩薩たちをしたがえて、念仏する人びとを助けようと、下界におりてくる図（聖衆来迎図《しょうじゅらいごうず》）がえがかれ、見る人びとに阿弥陀の救いを如実に感じさせた。

阿弥陀仏の来迎《らいごう》は、迎講《ごうこう》・来迎会《らいごうえ》と称する法会《ほうえ》において、阿弥陀仏や菩薩のお面《めん》をつけ、その来迎のありさまをかたどり実演する行事になり、盛んに催されるようになった。迎講は源信《げんしん》（九四二—一〇一七）が創始したと伝えるが、藤原道長の浄土信仰も源信の影響をうけていた。源信は、病が危篤《きとく》の念仏者を阿弥陀仏を安置した堂に移し、像の後ろに西向きに寝させ、仏の手につないだ五色の幡《はた》の端をにぎらせ、病人に浄土へ生まれる思いをおこさせることを説いており、道長の臨終もこれにしたがったものであった。

❖無常観《むじょうかん》

源信の浄土教は、人びとを感覚の面から浄土教へ帰入させようとしたもので、それは末法思想に根ざす厭世観《えんせいかん》・無常観への対応にあった。

祇園精舎《ぎおんしょうじゃ》の鐘の声、諸行無常の響あり。沙羅双樹《さらそうじゅ》の花の色、盛者必衰のことわりをあらわす。おごれる者久しからず、ただ春の夜の夢のごとし。

この有名な文句にはじまる『平家物語』は、おごれる平家が没落への道をたどるてんまつを、哀調をおびて語るが、その根底に流れるものは、いわゆる無常観である。ここに語られるのは、混迷にうちひしがれ、絶望の深淵《しんえん》にあえぐ、救いなき人間の心であり、その無常という言葉は、亡びゆくものへの、もの哀しい、さびしい心情を示している。しかし無常という言葉は、「常ではない」「変わらないことはない」という意味で、つまり「世の中はたえず変化する」、あるいは「世界はたえず進歩し、発展すべきものである」と解すべきである。

『平家物語』をはじめとする無常の理解には、その陰の面に視点をあて、死への指向性をもつものとしてとらえられたものが多い。源信の浄土教にも、こうした側面が強くうちだされている。しかし、その陽の面に視点をおき、世界は変革され、進歩すべきものであるとの生への指向性をもつものとしてとらえるべきである。仏教は、本来はこうした社会変革への指導原理たるべき役割をになうものであって、浄土真実の宗教である親鸞《しんらん》の教えは、まさしくこの視点からの仏教の本姿を明らかにしたものであった。

親鸞（一〇七三―一二六二）は出家以来、生死出ずべき道を真剣に求め、それを阿弥陀仏の本願《ほんがん》に見いだし、これを末法の灯明として、救いなき人びとの前に提示し、生への意欲をもえたたせた。それは、生々発展への革新的意欲をもつ原動力の思想としての仏教をとらえたものであった。

親鸞の生いたち

❖出自《しゅつじ》と誕生

親鸞の家系は、『親鸞伝絵《でんえ》』によると、藤原氏の流れをくみ、父は日野有範《ひのありのり》といい皇太后宮の大進《たいしん》であったという。日野氏は、京都の東南郊外にある日野に領地を有し、永承《えいしょう》年間（一〇四六－五三）に資業《すけなり》はここに別邸を営み、法界寺《ほっかいじ》を建てた。さきにものべたように永承六年（一〇五一）、日本は末法の時代にはいるが、その救世主としての阿弥陀仏にたいする信仰が盛んとなった。藤原頼通は宇治に鳳凰堂《ほうおうどう》をたて阿弥陀仏像を安置するなど、当時の貴族はきそって阿弥陀堂をたて、現世に極楽浄土を現わして、末法濁世《まっぽうじょくせ》の念をぬぐい去ろうとつとめた。資業のおこした法界寺にも鳳凰堂と同じく定朝風《じょうちょうふう》の阿弥陀仏像を安置している。

親鸞は承安《じょうあん》三年（一一七三）にこの日野で誕生したという。とすると法界寺の阿弥陀仏の膝下《しっか》にはぐくまれ、その薫染《くんせん》をこうむったわけで、後年、阿弥陀仏信仰に生かされることになるのも、あるいはこの幼時の阿弥陀仏への親近にあるのかも知れない。

日野有範（京都市，真宗大谷派［東本願寺］蔵）

親鸞と同時代人の鴨長明は、立身出世を志し、冷酷な現実に失望して、この日野に一丈《じょう》（約三メートル）四方の庵《いおり》をたて、阿弥陀仏の絵像を安置し、隠遁《いんとん》の生活にはいった。やがて移りゆく世をかえりみて『方丈記』を著わしたという。日野の地には、こうした求道者《ぐどうしゃ》をはぐくむ風土的な条件がそなわっていたともいえよう。

親鸞は幼名を松若麿《まつわかまろ》または鶴充麿《つるみつまろ》、母は源義親《よしちか》の孫吉光女《きっこうにょ》であると伝える。しかし誕生地をはじめ生母・幼名については『親鸞伝絵』などの確実な史料にはしるされていない。

誕生の年は、親鸞自筆の典籍などに年齢が明記されているので、これから逆算して判明する。誕生の月日は一月、二月上旬、四月一日、一〇月の各説があり、いずれも江戸時代に書かれた親鸞の伝記にしるされたものである。そのうち現在は四月一日説（太陽暦に換算すると五月二一日）が有力である。これは親鸞の門弟順信の著わした『下野縁起《しもつけえんぎ》』によるというが、この書は現存しない。元来、日本人は誕生日はあまり意識せず、死没の月日を重視する風潮が強い。例えば親鸞の死去した一一月二八日には古くから盛大な法要が催されてきたが、その誕生日を祝するようになったのは近代のことである。

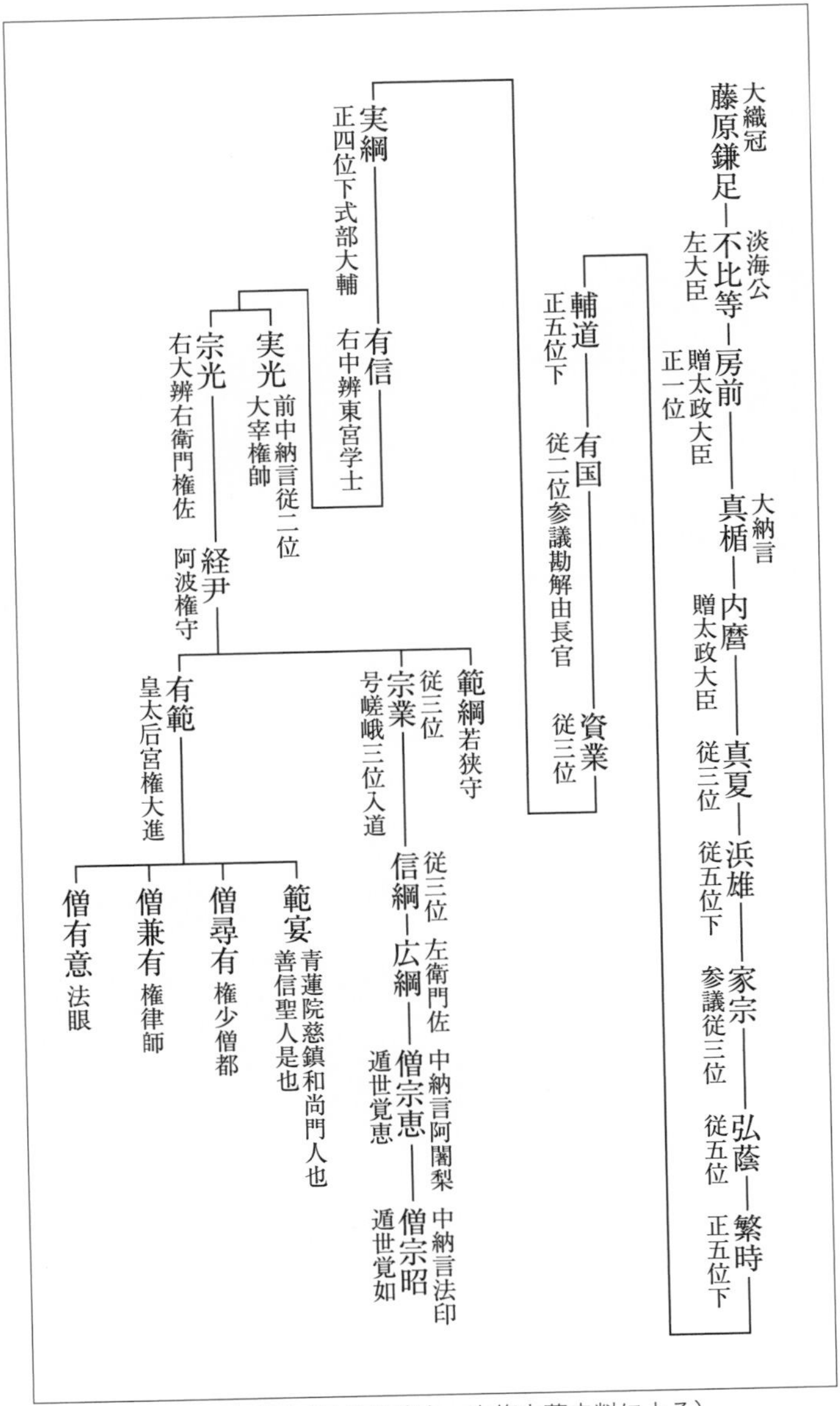

日野氏系図（三重県津市，専修寺蔵史料による）

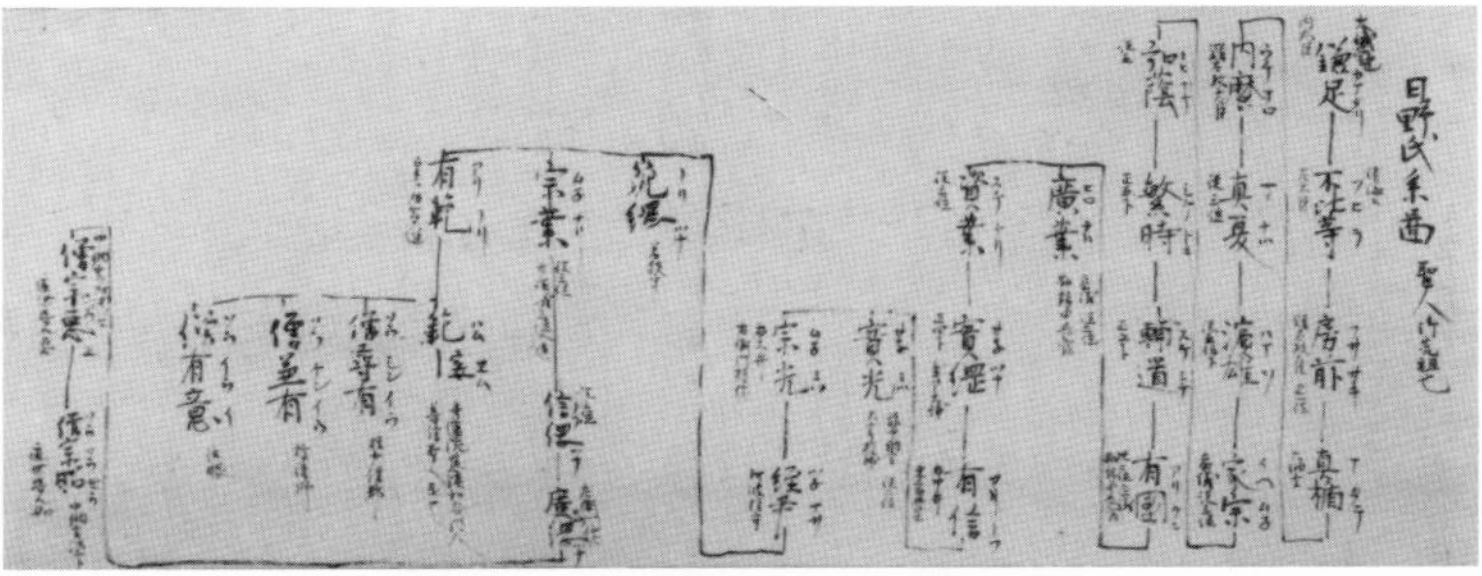

「日野氏系図」（三重県津市，専修寺蔵）

❖『親鸞伝絵』

『親鸞伝絵』は、『善信《ぜんしん》聖人絵』または『本願寺聖人親鸞伝絵』といい、親鸞の生涯を描いた伝記絵巻である。曽孫《ひまご》の覚如《かくによ》（宗昭）が親鸞の三三回忌を記念し、永仁《えいにん》三年（一二九五）に編集したもので、親鸞伝を解明する根本史料のひとつである。

明治から大正にかけて、この『親鸞伝絵』の史料価値を疑問視する学者もいた。それは、従来、真宗の寺院に伝蔵されてきた親鸞の自筆と称する文書や経典などに、科学的な歴史研究法によって検討を加えた結果、疑わしいものが続出したからである。しかも親鸞について、真宗寺院以外に史料は皆無のところから、親鸞の存在にすら疑念がいだかれるにいたった。こうした風潮の中に、大正の初めに親鸞の筆蹟《ひっせき》をひとつひとつ確認する作業がつづけられた。一方、大正一〇年（一九二一）には親鸞の妻恵信尼《えしんに》（一一八二?—一二六八）の手紙一〇通が西本願寺の宝庫から発見された。これによって親鸞の存在についての疑いが一掃されたばかりでなく、『親鸞伝絵』の信頼性をたかめ、親鸞の行《ぎょう》実《じつ》の解明に大いに貢献し、親鸞研究を前進させたのであった。

❖出　家

親鸞は治承《じしょう》五年（一一八一）九歳の春、伯父《おじ》範綱《のりつな》にともなわれ、慈円《じえん》（慈鎮、一一五五―一二二五）のもとで髪をおろして出家し、範宴《はんえん》と号した。範宴はノリヤスと訓読でき、出家前の俗名を法名にしたのではないかとも考えられる。室町時代に本願寺第八世蓮如《れんにょ》の子実悟《じつご》が編集した『日野一流系図』には、俗名を忠安《ただやす》と称したというが、ほかに確証はない。

出家の動機については、『親鸞伝絵』には、仏門にはいる因縁が熟したためとするにすぎない。父は四歳、母は八歳のときになくなったためとの説もあるが、父有範は皇太后宮大進を退くと入道して、日野の南三室戸《みむろと》に隠棲《いんせい》し、かなり老年にいたるまで生きていたようである。というのは、有範が亡くなったとき、父の供養のために、親鸞が題名を書き、弟尋有《じんぬ》が訓点を記したという『無量寿経』の写本（正平《しょうへい》六年〔一三五一〕存覚書写）が現存する。経典に加点したということは、尋有がかなりな年齢に達していたことを物語るもので、有範が長命したことを意味する。

親鸞には、尋有・兼有《けんぬ》・有意《ゆうい》・行兼《ぎょうけん》の四人の弟がいたが、いずれも延暦寺や三井寺《みいでら》で出家している。父の入道隠棲といい、一家がことごとく仏門にはいるについては、有範一族に、なにか容易ならぬ重大な問題がおきたためであろう。当時、出家の一般的動機としては、戦乱・凶作・飢饉による社会不安と末法思想が考えられるが、さらに有範一家にとって、特別な出家をうながすような事情があったものと思われる。

その事情のひとつとみられるものに、有範の父経尹《つねまさ》の放埓《ほうらつ》が挙げられる。経尹は従五位下阿《あ》波権守《わごんのかみ》であったが、不行跡のゆえをもって日野家の世代から除外されている。有範の昇進が皇太后宮大進でとどまったのも、父経尹のためとみられる。皇太后宮職には、太夫《だいぶ》・亮《すけ》・大進・少進・属《さかん》の五階級があり、大進には五位の人が任ぜられた。有範の子弟も父と同じくせいぜい五位くらいで、将来、高級官吏に就任する道がとざされていたとも考えられる。しかしこれだけの理由で一家がすべて出家したとは考えられない。

いまひとつの原因として、治承四年（一一八〇）に挙兵して敗れた以仁王《もちひとおう》・源頼政《よりまさ》と深い関係があったのではないかとみられている。有範の弟宗業《むねなり》は、以仁王の学問の師であった。王が京都相楽《さがら》郡で敗死したとき、遺体の確認に呼ばれている。また親鸞の母が源氏の出身であったということも、経尹の妻が源義親の孫娘であったところから、単なる伝説として無視できぬかも知れないし、そうだとすれば、有範と源氏の挙兵は無関係にはあり得ないであろう。

さらに有範の勤め先の皇太后が亡くなり、失脚をして入道したという説もある。有範の仕えたと思われる皇太后は、皇嘉門院《こうかもんいん》藤原聖子《きよこ》・九条院藤原呈子《ていこ》・藤原多子《ますこ》・建春門院 平 滋子《たいらのしげこ》の四人があげられるが、この中の誰であったかはっきりわからない。ただ日野の一族は、後白河《ごしらかわ》上皇《じょうこう》に関係が深い。親鸞の出家に立ち会った伯父範綱は上皇の近臣であり、宗業は上皇の皇子以仁王の学問の師であったので、有範も上皇の関係者に仕えたとすれば、建春門院ということになる。彼女は、後白河天皇の女御《にょうご》で、高倉《たかくら》天皇の生母、仁安《にんあん》三年（一一六八）皇太后になり、安元《あんげん》二年（一一七六）に亡くなっている。そこで有範は、この建春門院に仕え、その亡くなると同時に官を辞し隠退したということも考えられる。しかしこれだけでは一家全員が出家する動機としては薄弱である。ともかく有範一家の出家には、なにかそれをうながさせる直接の原因があったことはたしかであろうが、はたしてそれが何であったか、明確に指摘することは困難である。

さきに、当時の出家をうながす一般的動機として、戦乱・飢饉などによる社会不安をあげたが、親鸞が出家した頃の飢饉の実状については鴨長明の『方丈記』に刻明にしるされており、それについてはすでに紹介した通りである。その悲惨な有様に仁和寺《にんなじ》の僧隆暁《りゅうぎょう》が発起して、飢饉に倒れた死者の額《ひたい》に、梵語《ぼんご》（古代インド語）の阿字《あじ》を書いて、その菩提をとむらってまわったとき、養和二年（一一八二）の四、五月の二か月に、京都市内だけで死者の数は四万二、三〇〇体であったという。長明は「濁悪《じょくあく》の世にしも生れあひて、かかる心憂《う》きわざをなむ見侍《はべ》りし」と歎いているか、こうしたこの世を地獄かとみまがうただならぬ世相が、有範一家の出家に大きい影響をあたえたことはたしかである。

❖比叡山の修行

親鸞は出家すると、比叡山にのぼった。比叡山は、日本仏教の最高学府であり根本道場であった。東塔《とうどう》・西塔《さいとう》・横川《よかわ》に僧院があり、数多くの僧がここで勉学した。鎌倉仏教の創始者である法然《ほうねん》も栄西《ようさい》も、道元《どうげん》、日蓮《にちれん》もみな叡山で研修している。比叡山の僧は、学生《がくしょう》と堂衆《どうじゅう》とのふたつの身分に大きく分かれていた。学生は貴族の子弟で、やがて少僧都《そうず》から僧都へ、未来は天《てん》台座主《だいざす》へと栄達の道が開かれていた。堂衆は、学生の従者などが法師になったもので、学生の身辺やお堂の雑事に奉仕する僧で、道心もなく「叡山の荒法師《あらほうし》」と称され、いわゆる僧兵として堕落《だらく》する者が多かった。

比叡山　常行堂（比叡山延暦寺写真提供）

親鸞が入山したころ、以上のように、俗世と変わらない階級制にしばられ、和合を旨とすべき僧集団が闘争を好み、最澄の樹立した宗教的立場を失いつつあった。最澄（七六七—八二二）は、国家権力と結んで害悪を生んだ奈良仏教を否定し、遁世《とんせい》して山にはいり、仏教的実践によって世の一隅を照らすことを理想とした。最澄の死後、比叡山は次第に社会的政治的権力と結びつき、民族宗教と妥協して堕落した。そこで比叡山に道を求めたものは、かえって山を下り「市井《しせい》の聖《ひじり》」となるという皮肉な現象すらしめすようになっていた。

親鸞は比叡山で二〇年にわたって修学につとめ、堂僧としての修行にはげんだ。堂僧とは、学生でもなく、またいわゆる堂衆でもなく、お堂に奉仕する僧のようで、主に常行三昧堂《じょうぎょうざんまいどう》で不断念仏《ふだんねんぶつ》を修する僧をさすものとみられる。常行三昧とは、堂内の阿弥陀仏像の周囲を、口に阿弥陀仏の名をとなえ、心に阿弥陀仏を念じながら、七日ないし九〇日の間、歩きめぐる行で、三昧とは心をひとつに集中してみださないようにすることである。これは円仁《えんにん》（七九四―八六四）が、唐《とう》の五台山の念仏三昧の法を伝えて以来、最澄のはじめた法華三昧とならぶ天台宗の行法《ぎょうほう》となり、やがて貞観《じょうがん》七年（八六五）に「山の念仏」（不断念仏）がはじまった。「山の念仏」は、横川の源信によって、その伝統がうけつがれ、広められた。横川には、首楞厳院《しゅりょうごんいん》という堂があり、ここが念仏の道場となっていた。『親鸞伝絵』の山の生活を述べたなかに「楞厳横川の余流をたたえて」とあり、親鸞は横川の首楞厳院の堂僧であったと思われる。

❖六波羅蜜《ろくはらみつ》

親鸞は堂僧として、この念仏三昧の行をはじめ、僧の基本的修行である六波羅蜜の行をもけんめいにはげんだことであろう。波羅蜜とは梵語パーラミタの音訳で、悟りの世界へ度《わた》る行（六度行）との意味である。その行に、布施《ふせ》・持戒《じかい》・忍辱《にんにく》・精進《しょうじん》・禅定《ぜんじょう》・智慧《ちえ》の六種がある。

布施とは、施しをすることである。人間世界の悩みとか苦しみは、たいてい金銭とか物品にたいする欲望に起因している。そこで財物を他人に施して、それにこだわらない訓練をし、欲望の根元を絶とうとするものである。これは単に財物だけでなく、親切な心、やさしい笑顔、楽しい心情を人にそそぐこともまた布施である。仏教の信者が僧に出す財物を財施、僧がこれに報いて法を説くことを法施という。またやさしい情愛をそそぎ恐怖心をとりのぞくことを無《む》畏施《いせ》という。さらに布施を行ずるときの心得として、施す者は自分はこれほどの財物を、あるいはこうした親切を、あの人のためにささげたのであるという、その思いをなくして施しをしなければならない。施しをうける者も、あの人の方がより多くくれたと、その親切に軽重を感ずることなく、差別の思いをなくして受けなければならないとする。

持戒は、法律や道徳で定められた徳目はもちろんのこと、仏教の制戒《せいかい》を守ることである。たとえば、道を歩くときはみだりに走ったりとびはねたりしないよう、わき見をして他人の家をのぞかぬよう、人のおしゃべりを聞かぬよう、いつも静かに歩かなければならないなど、細かい規定がある。さらにこうした行動や発言の制戒ばかりでなく、心の中にもよこしまな思いをいだかず、常に清浄にたもつことが要請される。

忍辱とは、どのような刺激があたえられようとも、よくたえしのんで心を平静にたもつことである。他人が悪口をいっても腹をたてないでたえしのび、暑さ寒さにもぐちをいわず、そうしたさまざまの苦悩やはずかしめに、怒らず・怨まず、心に悪意をいだかないようにすることである。

精進とは、はげみ進むという意味で、善を行ない悪を断つ努力をけんめいにやり通すことである。

禅定とは、心を静かにおちつけることである。物事を正しく見きわめ判断するには、まず心を静めることが必要である。そして迷いをたち、真実をみきわめていく。

最後の智慧とは、真実は何かという悟りへの智慧を養うことである。仏教の考え方の基本は因果の法則によるが、しかも万物はみな空《くう》であって実体あるものではなく、因と縁によって仮に形成されているにすぎず、万物には決まった実体・本性はない。この万物に本性なく、空であり無であることを見きわめ、これに執着することをやめさす決断力となる智慧を身につけることである。

六波羅蜜の行は、どれをとりあげてみても、大変むずかしい行で、しかもいずれかひとつが欠けてもだめで、六つの行をすべて完全に行なわなければならない。これは仏教の基本的な行であって、宗旨の如何をとわず、僧たるものはその実践を要請される。

親鸞もまた比叡山において、こうした行を熱心にはげみ、立派な僧となって悟りを得ようとつとめたのであった。

Ⅱ

もっぱら念仏を

法然に会う

❖ 六角堂参籠《ろっかくどうさんろう》

二〇年におよび比叡山の学問と修行において、親鸞は悟りを得ることができず、さらに根本中堂の本尊や諸方の霊窟《れいくつ》に祈り、解決への努力を重ねた。ついに建仁《けんにん》元年（一二〇一）二九歳のとき、山をおり京都市内の六角堂に参籠して本尊救世観音《ぐぜかんのん》に祈念し、今後の歩むべき道についての指示を求めた。

親鸞の参籠した六角堂（頂法寺《ちょうほうじ》）は、聖徳太子《しょうとくたいし》（五七四―六二二）が六角の壇をきずいて救世観音を安置した寺であると伝え、太子にゆかりの古蹟《こせき》として、人びとの尊崇をうけていた。参籠とは、何か願いごとがあると、六角堂とか清水寺《きよみずでら》あるいは熊野社《くまのしゃ》などの霊験《れいげん》あらたかな神社仏閣に、日数をきめてこもり、日夜勤行《ごんぎょう》につとめ、祈念することで、平安時代の中ごろ以来さかんに行なわれた。

親鸞は、比叡山での修行にゆきづまり、身の処し方に苦悩したとき、かねて山においてつち

六角堂（京都市中京区）　アフロ写真提供

かわれていた太子への敬慕によって、六角堂への参籠を志したのであろう。比叡山では、『法《ほ》華経《けきょう》』の註釈書を著わした日本で最初の『法華経』の信者として聖徳太子を最澄以来、深く尊敬していた。また、太子は観音の化身《けしん》として、ひろく当時の人びとの信仰をもあつめていた。親鸞は一九歳の時、河内国《かわち》（大阪府）磯長《しなが》の聖徳太子の廟所《びょうしょ》（墓所）に参籠したという伝説があるのも、親鸞の太子への尊崇を物語るものといえる。

この六角堂参籠について、親鸞の妻恵信尼《えしんに》は、その手紙の中につぎのように伝えている。なお、この手紙は、京都在住の娘覚信尼《かくしんに》から、当時越後《えちご》（新潟県）に帰っていた母恵信尼に、親鸞の死亡を通知したのにたいし、弘長《こうちょう》三年（一二六三）二月一〇日に返事をしたため、ありし日の夫親鸞の思い出を書き、知らせたものである。

山をいでて、六角堂に百日こもらせ給て、後世《ごせ》を祈らせ給けるに、九五日の暁、聖徳太子の文をむすびて、示《じ》現《げん》にあづからせ給て候ければ、やがてその暁、いでさせ給て、後世《ごせ》の助からんずる縁にあいまいらせんと、たづねまいらせて、法然上人にあいまいらせて……

右によると、親鸞は、比叡山をおりて六角堂に一〇〇日の

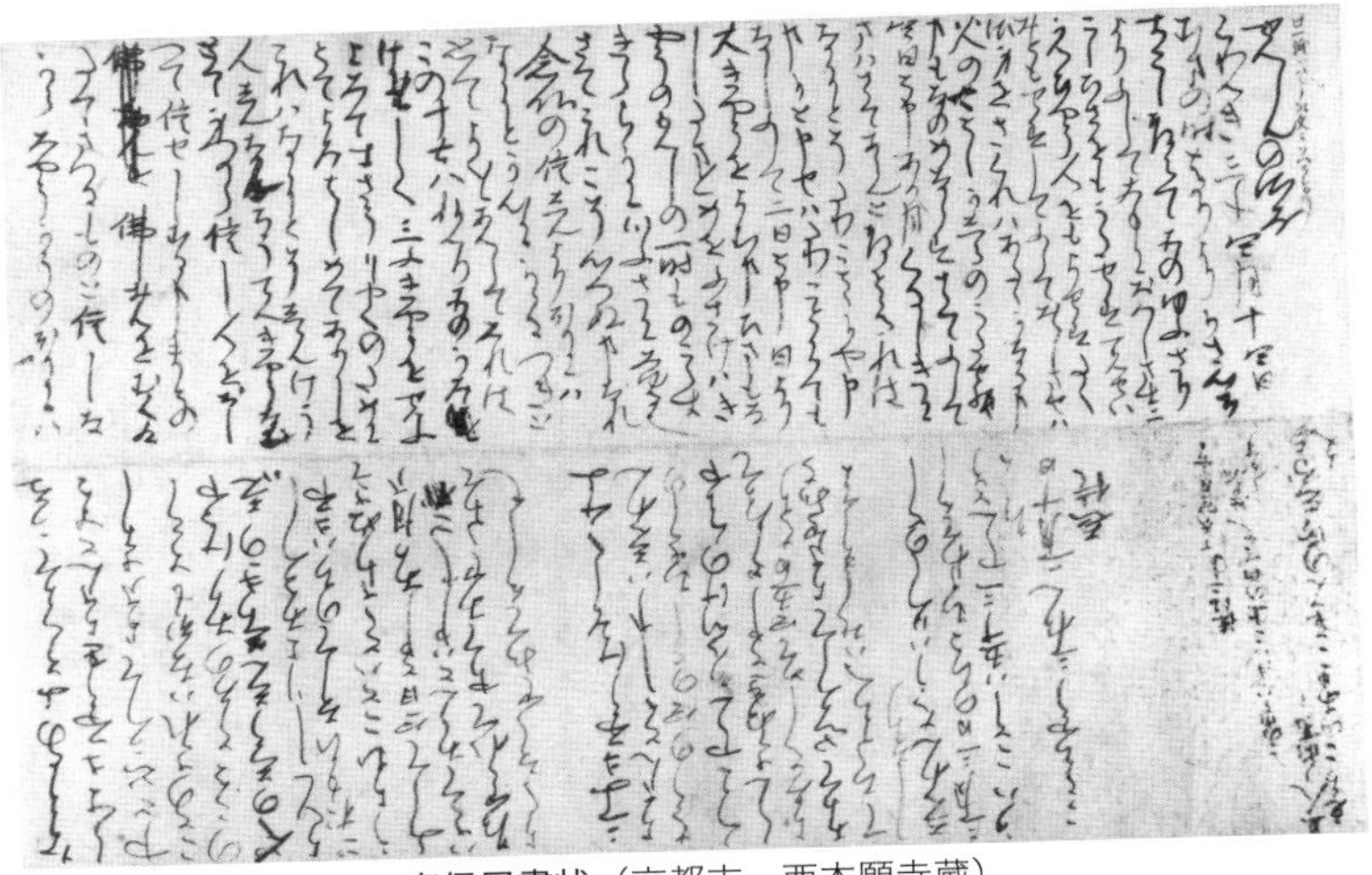

恵信尼書状（京都市，西本願寺蔵）

参籠をはじめ、九五日目の暁に、聖徳太子の示現の文《もん》を得て、後世の助かる縁に会おうと、たずねて、法然（一一三三―一二一二）のもとにいたったとある。つまり親鸞は、今まで修行してきた、現世において悟りを開く天台宗など聖道《しょうどう》の教えではなく、後世の助かる教え、すなわち浄土に往生して仏となる念仏門への方向転換を決意し、法然のもとにいたったという。したがって、親鸞が参籠して解決を求めようとしたのは、比叡山における修行のゆきづまり打開というような莫然としたものではなく、浄土教へはいることについての可否を求める、きわめて重大な案件をいだいていたと考えられる。

親鸞が六角堂に参籠した建仁元年（一二〇一）には、法然はすでに六九歳に達しており、承安五年（一一七五）に、中国の善導《ぜんどう》（六一三―六八一）の著わした『観《かん》無量寿経疏《むりょうじゅきょうしょ》』によって、専修念仏《せんじゅねんぶつ》に帰してから二六年も経っている。その三年前の建久《けんきゅう》九年（一一九八）には、主著の『選択《せんじゃく》本願念仏集』（選択集）を著わし、法然の宗教的信念は確固たるものとなっていた。そして九条兼実《かねざね》（一一四九―一二〇七）をはじめとする貴族や武士および一般民衆に、彼のとく念仏はひろく浸透し、その教勢は最高潮に達した時期であった。その法然の名声を比叡山の修行者たちももちろん知りつくし、強い敵意をいだくものもいた。したがって親鸞もまた、はやくより法然の念仏がいかなるものであるかは十分に知っていたと考えられる。親鸞が聖道自力《しょうどうじりき》の教えに絶望したとき、当然そこに法然の説く他力《たりき》念仏の教えが念頭にひらめいたことであろう。しかし聖道をすて浄土教にはいることは、親鸞にとっては、あまりにもことが重大であった。親鸞は慈円を戒師《かいし》として出家したが、その慈円は、法然教団の破戒行為を強く非難していた。こうした比叡山の反法然的傾向にもかかわらず、親鸞の専修念仏にたいする関心はたかまる一方であった。ここでかねてより崇敬していた聖徳太子に、浄土教にはいるべきか否かについて、解決を仰いだのであろう。

❖太子示現《たいしじげん》の文《もん》

親鸞が六角堂参籠において得た太子示現の文を、恵信尼は覚信尼に書き送ったというが、伝わっていない。その文の内容について、いろいろと推測がなされている。これを「廟窟偈《びょうくつのげ》」にあてようとの説がある。「廟窟偈」とは、磯長《しなが》の聖徳太子廟の立石にほりつけてあったと伝える七言二〇句の偈である。この偈文《げもん》は、そのころ太子を信仰する人たちはよく知っていたが、親鸞はそのうちとくに左記の八句をぬき出して書き、偈文の横に読み仮名をつけている。この親鸞筆の「廟窟偈」は金沢の専光寺に現存する。

聖徳太子（京都市，佛光寺蔵）

我《ワカ》身《シンハ》救《タスクル》レ世《ヨヲ》観《カン》世《ゼ》音《オンナリヤ》　定《テ》慧《ヤ》契女《オンナハ》大《タイ》勢《セイ》至《シナリ》
生《シャウ》-育《イクセル》二我《ワカ》身《シンヲ》一大《タイ》悲《ヒ》母《ノハハ》　西《セイ》方《ホウ》教《ケウ》主《ショ》弥《ミ》陀《タ》尊《ソンナリ》
為《タメニ》三渡《ワタサンガ》二末《マツ》世《セイノ》諸《モロモロノ》衆《シユウ》生《ショウヲ》一　父《フ》母《モ》所《ショ》生《シャウ》血《クエ》肉《チニク》身《シンヲ》
遺《ノコシ》-留《トトメテ》二勝《ショウ》地《チタル》此《コノ》廟《メウ》窟《クツニ》一　三《サン》骨《コチヲ》一廟《メウニスルワ》三《サン》尊《ソンノ》位《クリイナリ》

「廟窟偈」の大意は、阿弥陀仏の慈悲は、親がひとり子をいとおしむように、すべての人びとにふりそそがれる。正しい仏法を興そうと、阿弥陀仏は西方浄土から日本の国に生まれた。すなわち、太子の母は阿弥陀仏である。太子は救世観音、妻は勢至《せいし》菩薩。弥陀・観音・勢至の三尊のかたちで現われても、もとは一体である。日本での縁がつきたので、西方浄土に帰って

親鸞、法然をたずねる（『善信聖人絵』，京都市，西本願寺蔵）

ゆくが、末世の人びとを救うために、父母からうけた身体を、この磯長の廟窟《びょうくつ》にとどめておく。この廟窟に参詣するものは、悪道をはなれて、極楽世界に生まれることができる。

これは浄土教によって救われる道を示したもので、建仁元年の太子示現の文は、まさしくこれであったとみられる。この太子示現の文によって、親鸞は聖道自力の教えに見切りをつけ、浄土教に自己の歩むべき道を見いだそうとして、法然の門下にはいることになったものと考えられる。

❖法然門下にはいる

親鸞が吉水《よしみず》の法然のもとにいたり、その門下となる状況について、恵信尼の手紙には、前掲の文にひきつづき、つぎのような内容がしるされている。

親鸞は六角堂に百日こもったように、また百日の間、吉水の法然のもとに、雨が降ろうが、日が照ろうが、どんな大事な用件があってもすておいて、毎日毎日一日も欠かさずに、たずねて教えを聞いた。そして、善人であろうが、悪人であろうと、ただ一すじに念仏をとなえることが、救われる道であると教えられた。その法然の言葉をかたく守り、他人が念仏について、かれこれといった時にも、自分は今まで迷いの世界をさまよい、悟りを開くことができず、念仏よりほかに救われることのない身であるから、師法然の行くところが、たとえ地獄であっても、自分はお供してついていくのであると。親鸞はこのように師法然に対して強い信頼の決意を示している。この決意は、『歎異抄』には、つぎのような言葉でもって表現されている。

親鸞にをきては、ただ念仏して、弥陀にたすけられまひらすべしと、よきひと（法然）のおほせ（仰）をかぶりて、信ずるほかに、別の子細なきなり。念仏は、まことに浄土に生まるるたねにてやはんべるらん、また地獄におつべき業にてやはんべるらん、惣じてもて（以）存知せざるなり。たとひ法然上人にすかされまひらせて、念仏して地獄におちたりとも、さらに後悔すべからずさふらふ（候）。そのゆへは、自余の行もはげみて、仏になるべかりける身が、念仏をまふ（申）して、地獄にもおちてさふらはばこそ、すかされたてまつりてとい（云）ふ後悔もさふらはめ。いづれの行もおよびがたき身なれば、とても地獄は一定すみかぞかし。

親鸞は、比叡山において長い年月、悟りへの修行につとめたが、いずれの行をも全うすることができず、結局は地獄へおちるよりほかない、だめな自分であることを知った。そこで、ついに建仁《けんにん》元年（一二〇一）、浄土門においての解決を決意して、法然の専修念仏に身を投じ、これこそ自分にあたえられたただひとつの道であったことに気づかされたのであった。

阿弥陀仏の救い

❖法然の教え

親鸞の師法然は、承安《じょうあん》五年（一一七五）、中国の善導の『観無量寿経疏』を続んで感銘をうけ、専修念仏にはいったが、その後も日々経典の研究や修行につとめ、「われ聖教《しょうぎょう》を見ざる日なし、木曽の冠者《かじゃ》、花洛に乱入のとき、ただ一日、聖教を見ざりき」と、寿永《じゅえい》二年（一一八三）に木曽義仲の軍勢が京都に乱入した日だけ、経典をみなかったという。その教えの要点は、『選択本願念仏集』（『選択集』）に、つぎのようにのべられている。

夫れ速やかに生死を離れんと欲せば、二種の勝法《しょうぼう》の中には、且《しば》らく聖道門を閣《さしお》きて、選んで浄土門に入れ。浄土門に入らんと欲せば、正雑《しょうぞう》二行の中には、且《しば》らく諸の雑行《ぞうぎょう》を抛《なげう》ちて、選んで応《まさ》に正行《しょうぎょう》に帰すべし。正行を修せんと欲せば、正助《しょうじょ》二業《ごう》の中には、猶助業《じょごう》を傍にし、選んで応《まさ》に正定《しょうじょう》を専らにすべし。正定の業とは、即ち是れ仏名《ぶつみょう》を称するなり。名を称すれば必ず生ずることを得、仏の本願に依《よ》るが故なり。（原文は漢文）

仏教は聖道教と浄土教とのふたつに分類することができるが、すみやかに宗教的自覚を得ようとするならば、浄土教を選ぶべきである。浄土教を選べば、その正行と難行の二種の行のうち、正行を選ぶべきである。正行を修めようとするならば、正定業と助業のうち、もっぱら正定業を選び修めるべきである。その正定業とは、阿弥陀仏の名をとなえることである。阿弥陀仏の名をとなえたならば、弥陀仏の本願によって、必ず浄土に生まれることができると、もっぱら念仏をとなえることをすすめている。

❖選択《せんじゃく》

以上のように、法然は『選択集』において、その宗教的解決として、もっぱら念仏し浄土に生まれることを選びとったとのべている。この選択の思想は鎌倉仏教の特徴とも考えられ、それは仏教に限らず鎌倉時代そのものの特色ともいえる。鎌倉時代は、公家《くげ》と武家との併存の時代で、これは政治・文化・思想などのあらゆる面での対立である。この二者併存はおのずから二者択一の傾向を生む。仏教の面では、法然のいうように聖道と浄土の二教の対立があり、また法華《ほっけ》と念仏の対立もある。浄土教のなかではさらに自力の念仏と他力の念仏という二種がある。こうした中で、何を選び、何をもっぱら修めるか、つまり選択の結果には専修ということが必然的に発生する。法然の専修念仏はこうした雰囲気の中で誕生したのであった。

❖専修念仏

法然の選びとった専修念仏は、いったいどのような意味をもつものであろうか。

仏教では、人間は惑《わく》・業《ごう》・苦《く》の三道をめぐりまわる存在だとする。業というのは、人間の行為である。しかしその行為は、それだけが単に独立して存在するのではなく、かならずそれ以前にある行為がなされていて、それが原因となって、その行為が生まれてくるというように、因果関係の上にたち、前々からひきつづいて働く力となるものである。ひとつの行為は、必ず前の時間における行為の結果であるとともに、後の時間の行為を生む原因となるものである。

われわれの毎日の生活は、苦しみである。苦しいがために心がまよう。まようた心によってなされた行為は、苦のもとになる。というように、惑・業・苦はぐるぐる輪廻《りんね》すると考える。

しかもその苦しみは、外からの刺激によるのではなく、自分自身が苦しみをつくりだすものと理解する。たとえば、ロックという音楽がよくテレビなどで演奏されるが、私にとっては、さわがしくて神経につきささるような不快な音楽である。しかし、若い人にとっては、ロックはこの上ない快感をもたらす音楽となっている。苦とか楽、不快とか快は、ロックつまり刺激をあたえる側にその区別があるのではなく、私自身の内部に存在するものである。そこで、苦しみをたち、幸福を求めるには、自己革命を実施する必要がある。

政治とか道徳は、社会悪を善に、人間世界の苦悩を幸福に転じようと、自己の外側から整理しようと努力する。しかし、政治・道徳でいう善とか悪は、たえず流動的で、その定めがない。今日は善であっても、明日は悪かも知れない。その幸福は、たえずさきへさきへと行って、いくらおっかけても手にはいらない。この幸福は、裏がえしていえば、欲望ともいえるだろう。欲望には際限がなく、いくらあたえても満足しない。要求はますます増大するばかりである。

したがって政治による自己の外面からの革命には限界がある。宗教は自己の内面からの革命を志すものである。それでは仏教における自己革命は、どのような方法でなされるのであろうか。

さきにものべたように、仏教には聖道と浄土のふたつの教えがある。聖道教というのは、六波羅蜜などの行を厳正に修め、よきたねまきをし、自分の力でもって人間革命を実施しようとするものである。浄土教というのは、自分の能力では、とても厳正な行を修め自己革命することはできないので、すでに立派な人格を完成し真実を体得している阿弥陀仏の力によって、自己革命を、と志す。

その浄土教にも、さきに掲げた『選択集』に指摘するよう、まったく弥陀仏の力にのみよりかかろうとするものと、ある程度は自分の力でもって善き行を加えていこうとするものがある。しかし法然は、阿弥陀仏にすべてをまかすべきだとすすめる。それは、いかに善きたねまきをしようとしても、人間の行為はことごとく不完全なもの、悪・苦のもとである。基本的には、肉体があるからまようのであり、人間が地上に存在すること自体が、まよいのもとであるとする。まよいの根本原因が肉体にあるとすれば、肉体がほろびてしまわなければ、まよいのもとを断つことはできない。したがって現実のこの世界においては、悟りを開くことはできないので、浄土において悟りを開こうというのが、法然の宗教である。親鸞は二〇年にわたって、聖道の教えにしたがって善き行をつみかさねたが、悟りへの境地に到達できない自己に気づいた。そして法然の説く念仏に救いを見いだしたのであった。親鸞の念仏は、さきにもみてきたように、法然が二者択一の結果えらびとったものの上に立脚してはいるが、しかし親鸞の意識としては、二者の中から選択するというのではなく、自分には専修念仏よりほかに道はないのであるということであった。

❖『選択集』書写

法然の『選択集』は、九条兼実のもとめによって著わされたものであったが、その最後に「庶幾《こいねがわ》くば、一たび高覧をへての後、壁底《へきてい》に埋めて窓前に遺すことなかれ」としるし、秘書としてとりあつかい、それがひろく読まれることをのぞまなかった。しかし法然の専修念仏をよく理解していた高弟や求道心の強い門弟には特別に『選択集』の見写を許した。

親鸞は入門五年後の元久《げんきゅう》二年（一二〇五）四月一四日『選択集』の書写を許され、法然は自ら筆をとって「選択本願念仏集」の内題の字に、「南無阿弥陀仏、往生之業、念仏為本」の字と「釈綽空《しゃくくう》」という当時の親鸞の名を書いてあたえた。そのころ親鸞は範宴という名を綽空と改めていた。

さらに同年、法然の肖像画の制作をも許され、閏年《うるう》七月二九日、その画讃の文と善信《ぜんしん》という名を法然に書いてもらった。

❖善信と改名

親鸞が綽空という名を善信と改めたのは、建仁三年（一二〇三）四月五日の夢告にもとづくものである。この夢告は親鸞が六角堂において救世観音から「行者宿報設女犯」の偈文《げもん》の告示にあずかったとき、観音は親鸞に善信と呼びかけたという。善信という名前は、善導と源信からそれぞれとったものとみられる。

唐の善導は阿弥陀仏の極楽浄土の図をみて感激し、浄土を絵巻物のように観想する十六観を実修し、曇鸞《どんらん》・道綽《どうしゃく》の教えをくみ中国浄土教の

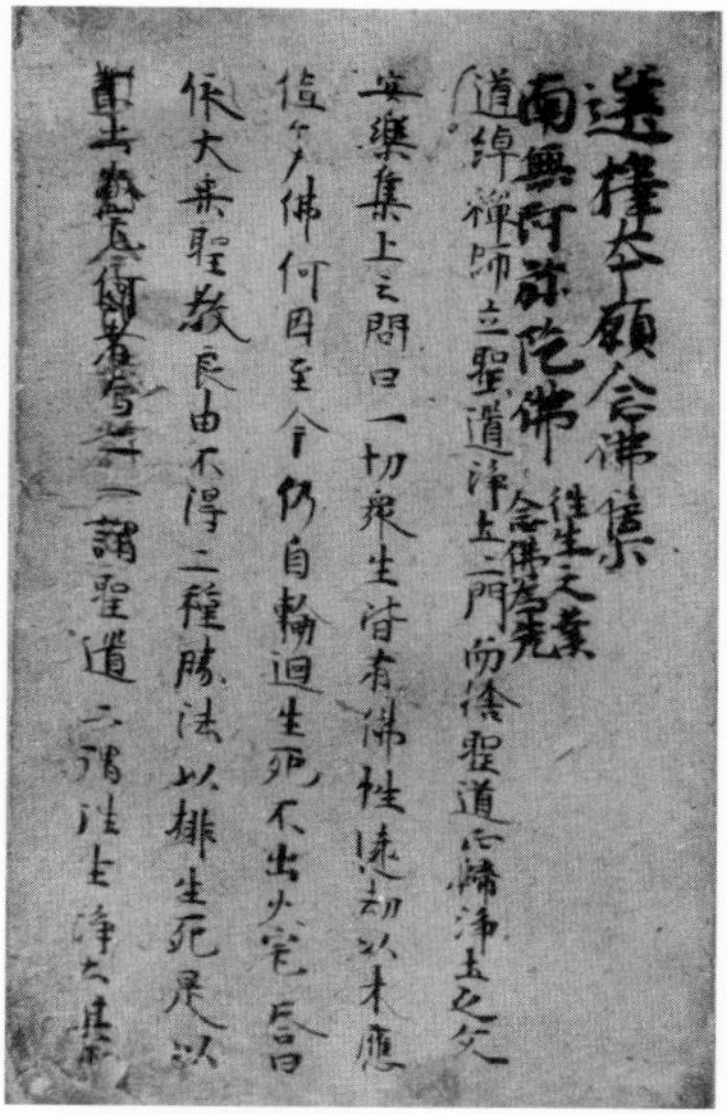
選擇本願念佛集
南無阿彌陀佛 往生之業 念佛爲先
道綽禪師立聖道淨土二門而捨聖道正歸淨土之文
安樂集上云問曰一切衆生皆有佛性遠劫以來應
値多佛何因至今仍自輪廻生死不出火宅答曰
依大乘聖教良由不得二種勝法以排生死是以
不出火宅何者爲二一謂聖道二謂往生淨土其聖

『選択集』（京都市，廬山寺蔵）

大綱をうちたてた。彼の浄土教は善導流と称せられ、唐代仏教の特色となったばかりでなく、その後の浄土教に大きい影響を及ぼしている。その著『観無量寿経疏』四巻は最も重要で、法然はこの書の「一心に専ら弥陀の名号を念じて、行住坐臥《ぎょうじゅうざぐわ》に、時節の久近を問はず、念々に捨てざるもの、これを正定の業《ごう》と名づく、彼の仏の願に順ずるが故に」との文をみて大いに感ずるところがあり、直ちに余の行をすてて専修念仏に帰したという。

法然にさきだち善導の念仏を日本でうけついだのが、先に述べた源信《げんしん》である。源信は比叡山横川《よかわ》の恵心院に住し、七〇余部一五〇巻の書物を著わした学僧であるが、とくに『往生要集』は天台の観念念仏と善導流の称名《しょうみょう》念仏を説いた浄土教の聖典で、日本浄土教の樹立者と仰がれる。

親鸞が善信と改名したのは、そのころ善導・源信の教説へ傾倒していたことを示すものといえよう。

❖信心の論争

法然教団における親鸞の宗教的心情を示す「信心争論」と「信行両座」の二つのエピソードが『親鸞伝絵』に記載されている。

信心争論というのは、親鸞が正信房・勢観房・念仏房など法然の有力門弟たちと、信心についての論争をしたことである。それは、親鸞の信心も法然の信心も、すこしもかわることなくまったく同一であるという親鸞の主張にたいし、これら門弟たちは、親鸞の信心が師の法然と同じであるとは、とんでもないことであると反対を表明し、両者の意見が対立した。

親鸞は、法然と智慧や学問が等しいというのはとんでもないことであるが、往生浄土の信心については、師匠の信心も、自分の信心も、いずれもみな阿弥陀仏からたまわった他力の信心であるから、少しもかわることはないと答えた。

法然もこの親鸞の説に賛同し、信心がことなるというのは、自力の信心についてのことであって、他力の信心は、仏よりたまわったものであるから、法然の信心も親鸞の信心もことなることなくただひとつである。信心がそれぞれちがうという人は、法然のまいる浄土とはちがった浄土に生まれることであろう、といったという。

これについて『歎異抄』のあとがきにもつぎのようにしるされている。

親鸞、御同朋の御なかにして、御相論《ごそうろん》のことさふらひ（候）けり。そのゆへは、善信が信心も聖人（法然）の御信心もひとつなり、とおほせ（仰）のさふらひければ、勢観房・念仏房なんどまう（申）す御同朋達、もて（以）のほかにあらそひたまひて、いかでか聖人の御信心に善信房の信心ひとつにはあるべきぞ、とさふらひければ、聖人の御智慧才覚ひろくおはしますに、一ならんとまうさばこそ、ひがごとならめ、往生の信心にをいては、またく（全）ことなることなし、ただひとつなりと、御返答ありけれども、なをいかでかその義あらん、といふ疑難《ぎなん》ありければ、詮《せん》ずるところ、聖人の御まへにて、自他の是非をさだむべきにて、この子細をまうしあげければ、法然聖人のおほせには、源空《げんくう》（法然）が信心も、如来よりたまはりたる信心なり、善信房の信心も、如来よりたまはらせたまひたる信心なり、さればただひとつなり、別の信心にておはしまさんひとは、源空がまひらんずる浄土へは、よもまひらせたまひさふらはじと、おほせさふらひしかば、当時の一向専修のひとびとのなかにも、親鸞の御信心にひとつならぬ御ことも、さふらふらんとおぼえさふらふ。

❖信か行か

信行両座というのは、親鸞が法然の許可を得て、信不退《しんふたい》と行不退《ぎょうふたい》のふたつの座を設け、門弟たちにどの座につくべきかをたずねたという出来事である。そのとき、信不退の座についたのは、親鸞と信空・聖覚・法力《ほうりき》（熊谷直実《くまがいなおざね》）だけで、他の門弟たちはどの座につくとも態度を明らかにしなかった。やがて師法然も信不退の座に名をつらねたという。

信不退・行不退というのは、信心で浄土往生をするのか、念仏の行で往生をするか、ということである。親鸞は、弥陀仏の救いをきき、それを信じたとき、直ちに浄土に生まれる資格を得るのであって、念仏の行をはげみ、その称えた功績をつみかさねて、浄土往生をねがうことを否定した。それは念仏の行は自力の行であり、虚仮不実《こけふじつ》の人間には、正しい行を修することはできないのであるとの認識に立ち、自力の念仏を否定したのであった。

この信不退・行不退の物語は『親鸞伝絵』にだけしかみえず、事実かどうか疑問視する学者もいる。その真否はともかく、さきの信心争論とともに、親鸞の絶対他力の宗教的立場を明示するものといえよう。

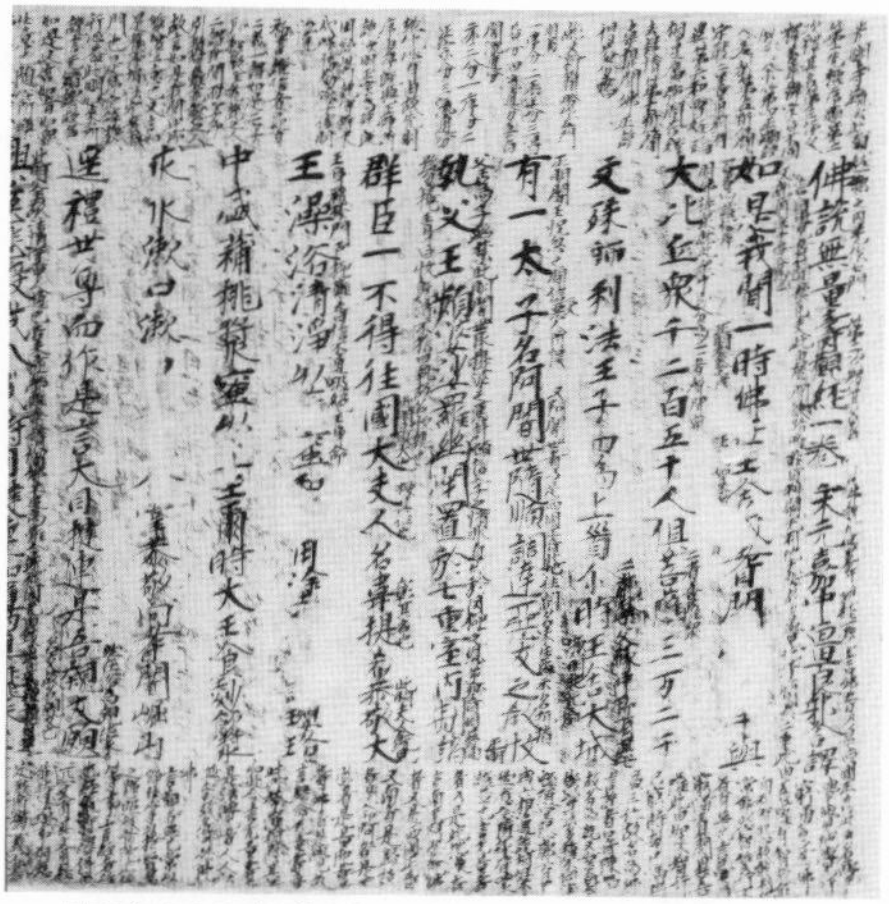

『観無量寿経集註』（京都市，西本願寺蔵）

❖経典の註記

親鸞が法然のもとで勉学していたときに写したとみられる経典がすこし残っている。それは『観《かん》無《む》量寿《りょうじゅ》経《きょう》註《ちゅう》』と『阿弥陀経註』とである。これは両経典の本文をそれぞれ書写し、その行間や欄外あるいは紙背に、経の註釈書である論《ろん》や疏《しょ》から引用し註記したものである。『観無量寿経註』には善導の『観経疏』、『阿弥陀経註』にも同じく善導の『法事讃』からの引用が最も多く、そのほか『観念法門』『往生礼讃』など、やはり善導の著述が参照されている。これは親鸞が善導に強い関心をもっていたことを示すものであるが、その関心はまた師法然の「偏依《へんえ》善導」（ひとえに善導による）という善導傾倒の影響でもあった。しかし、親鸞は善導のみに限をうばわれたのではなく、元照《げんしょう》の『阿弥陀経義疏』、曇鸞《どんらん》の『往生論註』や宗暁《しゅうぎょう》の『楽邦文類《らくほうもんるい》』など、そのころ親鸞の入手できた関係論著をもひろく引用している。かくて親鸞は善導の著述を読破し、やがて善導を超え、また法然をもしのぎ、独自の宗教的境地を開拓したのであった。

その親鸞の新境地開拓は『観無量寿経註』にみられるきわめてたんねんな着実な研究姿勢にもとづくもので、これはまた法然門下の研究態度であったともいえる。たとえば、法然門下における写経の方法についてのべたものがあるが、それによると、まず沐浴《もくよく》・潔斎《けっさい》して身体を清くし、道場にはいって礼讃・念仏・讃嘆・読経したのち写経にかかるという、厳重な儀式下にとり行なわれている。親鸞の『観無量寿経註』『阿弥陀経註』には、こうした厳正な書写の風格がはっきりとにじみ出ている。

結婚と流罪

❖法然教団の性格

法然の教団には、九条兼実のような貴族、熊谷直実・大胡実秀《おおごさねひで》や北条政子《ほうじょうまさこ》など武士階層の信者も少なくなかったが、いかなる悪人も念仏によって救われるというところから、盗賊や遊女までも含まれ、庶民階層の人びとによって多くを占められていた。

法然は、かねてより、阿弥陀仏の救いの主対象は、戒行《かいぎょう》を修することのできない愚かな人たち、つまり凡夫《ぼんぷ》であるといった。凡夫とは『釈氏要覧』に「行心、定まらず、軽毛の風に随って東西するが如し」と世の苦しみ悩みにさいなまれて、羽毛が風にふかれるように、あてどもなく右往左往する人間のことであるとする。これは、戒行を堅持して悟りを開こうという聖道教からは見放された人たちであった。それゆえ凡夫をめあてとする法然の教団には、庶民階層の人びとが多くあつまり、比叡山や興福寺など旧仏教教団からのねたみをうけ非難されるようになった。

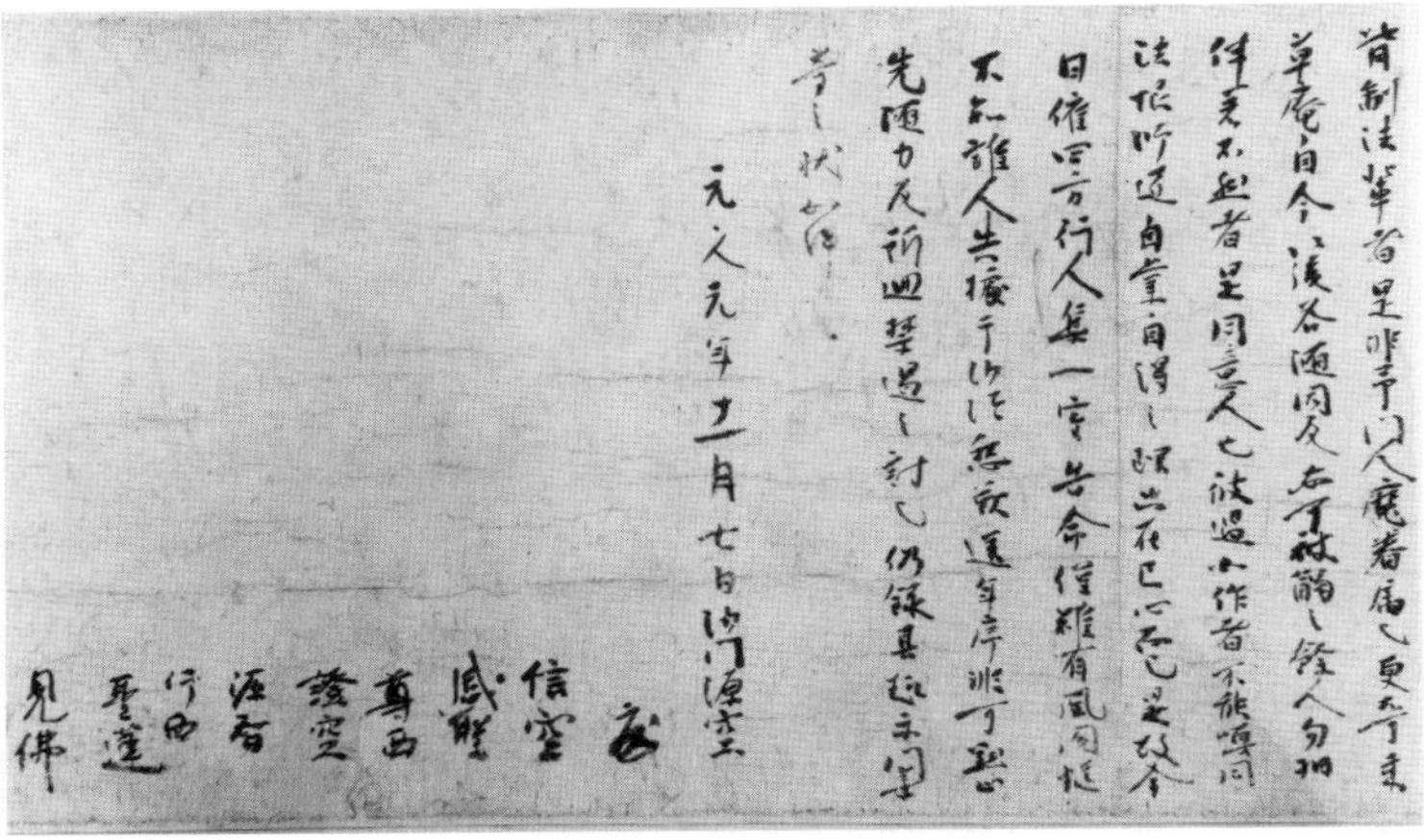

七か条制戒（京都市，二尊院蔵）

❖七か条の制戒《せいかい》

元久元年（一二〇四）比叡山の衆徒は、法然教団の念仏停止をもとめ、決起の集会を開いて気勢をあげた。そこで法然は、比叡山衆徒の非難を解くため、七か条の制戒をしるして、念仏集団の自戒をうながし、一九〇人の門弟がこれに署名した。親鸞もそのなかに「僧綽空」と名をしるしている。この七か条の制戒をみると、当時の比叡山や興福寺の専修念仏にたいする非難がどのようなものであったかを知ることができる。その第一条に、真言・天台などの諸宗の教説を論破したり、阿弥陀仏以外の仏・菩薩をそしってはならないとする。第二条に、智慧の深遠な人や、専修念仏以外の行を修する人と議論をしてはいけない。第三条は、学問や修行を異にしている人にたいして、無理に専修念仏にはいるようすすめてはならない。第四条には、念仏門は、戒行を修さなくともよいからといって、飲酒や肉食《にくじき》をすすめ、戒行を保つ者を雑行《ぞうぎょう》人と見下してはならない。また、弥陀の本願を信ずる者は、罪をおかしてもおそれることはないと説いてはいけない。第五条に、経典や師匠の説によらないで、勝手に私見をのべ、みだりに議論をしないこと。第六条には、美辞をつらねて教えをとき、無智の人をまどわしてはいけない。第七条は、邪法をのべ、それが正法であり、師の説であるといってはならない。

右の七か条の制戒のあとに、法然は、自分は長年にわたって念仏を修しており、聖教にしたがい、人心にさからうことなく、世の人をもおどろかすことなく、この三〇年間は、何事もなく過ごしてきた。しかし、ここ一〇年ほどの間に、無智不善のものが加わって、弥陀の浄業《じょうごう》を修さないばかりか、釈迦の正法をけがしている。そこで自分はこの制戒を示すのである。念仏者は、この制戒をよくつつしんで、犯さないようにしてほしい、とのべている。

❖興福寺奏状《そうじょう》

七か条の制戒を提示することによって、専修念仏にたいする非難は、ひとまずおさまったかにみえた。しかし、翌元久二年（一二〇五）一〇月、今度は奈良興福寺が、九か条にわたる過失を列挙して、専修念仏の禁止を朝廷に訴えた。

その第一条は、日本の仏教は、各宗それぞれに祖師と伝承があり、天皇の許しを得て一宗を開いている。法然は明確な伝承もなく、かつ勅許をも得ないで専修念仏宗という新しい一宗を立てている。

第二条に、摂取不捨曼荼羅《せっしゅふしゃまんだら》という仏画を考案して、専修念仏者だけが浄土に往生することを示している。

第三条に、専修念仏者は、阿弥陀仏以外の仏を礼拝せず、弥陀の教えを説いた本師の釈迦まで礼拝せず軽んじている。

第四条には、釈迦の教えは、人それぞれの浅深に応じて説かれているのに、専修念仏者は弥陀一仏だけをたのみ、『法華経』を読むことは地獄におちる行為であるとか、寺を建てたり仏像を造ることを否定する。正法をそしる者は、弥陀の救いの対象からも除外されているところで、仏法を非難することは絶対に許すことはできない。

第五条に、専修念仏者は神を礼拝しない。

第六条は、父母に孝行をしたり、慈悲の心をもって殺生をしないなどの善行をすすめることは、浄土経典の『観無量寿経』にも説かれている。それにもかかわらず、専修念仏者は、念仏以外の善行を修めることをこばみ、浄土に往生することは、ひとえに弥陀の願力にのみよると称するのは誤った考え方である。

第七条に、念仏には、口に仏の名をとなえる口称《くしょう》と、心に仏を念ずる心念がある。さらに心

念仏停止の廟議（『善信聖人絵』，京都市，西本願寺蔵）

念には、仏に思いをかける繫念《けいねん》と、仏の姿を観ずる観念とがある。専修念仏者は、念仏としては最も浅い口称の念仏だけをとり、最上の観念の念仏をすてている。

第八条は、僧侶に禁じられている囲碁《いご》・双六《すごろく》・女犯《にょぼん》・肉食なども、専修念仏者には浄土往生のさまたげにならないと説いている。

第九条に、諸宗はみな念仏を大切にするが、専修念仏者の方では、諸宗をきらって同座をしない。もし将来、専修念仏が盛んになるようなことになれば、諸宗合同で行なう国土の安全を祈る法会もできなくなる。

以上の九か条であるが、この興福寺奏状は、笠置寺《かさぎでら》の貞慶《じょうけい》が起草したといわれる。貞慶は戒律復興にとりくみ南都《なんと》仏教の振起を志した学僧であり、その指摘する九か条の過失は、専修念仏者としても傾聴すべき点が多くみられる。

朝廷ではこの興福寺の訴えにたいし、つぎのように答えた。法然の門弟のなかには、よこしまな考えをもつ者もいて、専修に名をかりて、悪行をしても浄土往生はできるのだと称する者もいる。これは門弟の浅はかな智慧によるもので、法然の本意ではない。専修念仏を最上の法として、旧来の仏法を排する行為は禁止すべきであるが、あえてこれに刑罰を加えることはしない、というのであった。

このような、なまぬるい朝廷の処置にふんがいした興福寺の衆徒は、法然とその門弟の中でもとくに急進分子とみられる行空《ぎょうくう》・遵西《じゅんさい》・幸西《こうさい》の処罰を強く要求した。しかし朝廷は法然側に好意的で、行空と遵西だけが諸宗を非難したという容疑で取り調べられることになった。また、法然は行空を破門して興福寺のいかりを解こうとした。

❖法然・親鸞の流罪《るざい》

そのうち後鳥羽《ごとば》上皇（一一八〇－一二三九）が熊野に行幸《ぎょうこう》した留守中、上皇の寵愛《ちょうあい》をうけていた女房の鈴虫《すずむし》・松虫《まつむし》らが、遵西や住蓮《じゅうれん》の主催する鹿ケ谷《ししがたに》の法会に参加して外泊した事件が明るみにでた。激怒した上皇は、建永《けんえい》二年（一二〇七）二月、遵西・住蓮など専修念仏者を逮捕し、専修念仏を停止するとともに、遵西など四名を死罪、法然・行空・幸西および親鸞ら八名をそれぞれ流罪に処した。

この専修念仏者処罰の背景は、さきの興福寺奏状にもみられるよう、法然教団が専修念仏以外の宗教を否定するものとみられ、悪人往生説が造悪無碍《ぞうあくむげ》（悪事をしても浄土往生の障害になら

遵西の処刑（『法然上人絵伝』，京都市，知恩院蔵）

ない）という悪行を容認する思想を生んだことにもあった。また専修念仏の信者が増加することへの旧仏教のねたみもあった。しかし、この処罰の直接の契機となったのは、風紀問題であり、それにたいする後鳥羽上皇のいかりによるものであった。親鸞は、これについて、後年、『教行信証《きょうぎょうしんしょう》』のあとがきに、つぎのようにのべている。

竊《ひそか》に以《おもんみ》れば、聖道の諸教は行証《ぎょうしょう》久《ひさ》しく廃《すた》れ、浄土の真宗は証道今盛なり。然るに諸寺の釈門、教に昏《くら》くして、真仮《しんけ》の門戸を知らず。洛都《らくと》の儒林、行《ぎょう》に迷いて邪正の道路を弁《わきま》うることなし。ここを以て興福寺の学徒、太上天皇諱尊成《いみなたかなり》、今上諱為仁《いみなためひと》聖暦承元丁卯《じょうげんていう》歳仲春上旬の候に奏達《そうたつ》す。主上・臣下、法を背き義に違《たが》い、忿《いかり》を成し怨を結ぶ。これによって真宗興隆の太祖源空法師並びに門徒数輩、罪科を考へず、猥《みだりがわ》しく死罪に坐《つみ》す。或は僧儀《そうぎ》を改め姓名を賜うて遠流《おんる》に処す。予はその一也。爾者《しかれば》、已《すで》に僧に非ず俗に非ず、是の故に禿《とく》の字を以て姓となす。空師並びに弟子等、諸方の辺州に坐《つみ》して五年の居緒《きょしょ》を経たりき。

越後への流罪（『善信聖人絵』，三重県津市，専修寺蔵）

（原文は漢文）

右の文の意味はだいたいつぎのようである。

静かに考えると、天台宗・真言宗など聖道門の教えでは、もはや悟りを開くことができなくなったので、念仏をとなえ弥陀仏の救いをたのむ浄土教が盛んとなった。それにもかかわらず、聖道門の僧たちは、現実を認識することができず、何が真実の教えであるかわかっていない。また京都の知識階級や指導者たちも、何が正であり、何が邪であるかとの区別をすることができない。こうした状態のなかで、興福寺の僧たちは、承元元年二月に、後鳥羽上皇と土御門《つちみかど》天皇に、専修念仏の禁止を訴えた。上皇・天皇をはじめ臣下のものは、道理にそむき正義にたがい、個人的ないかりでもって人を処罰しようとした。そのため法然およびその弟子数名は、罪がないのに死罪や流罪に処せられた。この親鸞もまたその一人である。だからもはや僧侶でもなく、また俗人でもない。そこで禿という字を姓とする。法然とその門弟は、各地に流されて、五年の歳月がたったと。

親鸞は、今回の法然以下門弟の処罰は、まったく無道な不法行為であると激しく非難した。法然は土佐《とさ》（高知県）、親鸞は越後《えちご》（新潟県）に流されることになったが、僧侶が罪を犯したとき、俗人にかえして処分するという慣例によって、親鸞は藤井善信《ふじいよしざね》と称したという。

❖親鸞流罪の理由

数多い法然の門弟中で、なぜ親鸞が流罪になったのであろうか。

親鸞は、法然の門下にはいって、日浅くして『選択集』を授与され、かつ法然肖像の図写を許されたことは、法然門下において親鸞が専修念仏に徹し重要な位置を占めていたことを物語るものである。それが師法然とともに流罪に処された原因と考えられるが、いまひとつ問題になるのが、親鸞の結婚である。すなわち結婚を女犯《にょぼん》とみて処罰したとの見方である。そして親鸞の結婚による在家主義の表明は専修念仏の一念義的理解によるものとし、一念義のもつ破戒的側面を処罰の対象としたという見解もある。

当時、念仏僧の結婚について、たとえば興福寺に仁賀という秀才の誉れ高い僧がいたが、彼は念仏を修したいという希望をもち、そのため自分は結婚するのだと称して妻をめとった。しかし仁賀は妻とは夫婦の関係をもたず生涯女性にふれなかったという。つまり結婚したいから念仏門にはいるというのではなく、念仏を修したいから結婚をしたというのである。法然の門弟の聖覚《しょうかく》とか隆寛《りゅうかん》という有名な僧も結婚しており、念仏者の妻帯は当時の一般的風潮であったともいえる。そうだからといって、親鸞は無批判に結婚したのではない。その決意は『親鸞伝絵』に掲げる六角堂の救世観音の夢告によったと考えられる。

❖結婚についての救世観音の夢告《むこく》

行者宿報設女犯　我成玉女身被犯　一生之間能荘厳　臨終引導生極楽

この夢告は建仁三年（一二〇三）四月五日のことであったという。その大意は、仏道を修める者が、何かの宿縁によって、女性と結ばれることがあるならば、救世観音がその女性になりかわりましょう。そして一生の間、その行者によくつかえ、死にのぞんだとき、極楽へ導いていきましょう、というのである。

親鸞が六角堂でこの夢告を得たのは、建仁三年ではなく、二年前の建仁元年のことであったとの説がある。それは『親鸞伝絵』の著者覚如が年数を誤記したもので、恵信尼の手紙にある建仁元年の太子示現の文というのは、じつは「行者宿報」の偈文《げもん》であって、六角夢想と太子示現とは同一事件であるというのである。また、六角夢想と太子示現とは、同じく建仁元年のことであるが、別個のものであるとの説もある。

六角堂救世観音の夢告（『親鸞伝絵』，京都市，真宗大谷派［東本願寺］蔵）

建仁元年に親鸞が比叡山を下りて六角堂に祈念したとき、その苦悩の中には女性の問題も含まれていたことであろう。しかし、その悩みの中心は、さきにものべたように、念仏門にはいるについての決断を求めてであったと考えられる。したがって、太子示現の文は、自力の行にゆきづまった親鸞が、他力念仏にはいるべき指針となる内容をもつものでなければならない。この文の指示にもとづいて、やがて法然門下にいたり、専修念仏の真意を領得したものとみられる。そして法然の「現世を過ごすには、念仏を称《とな》えられるようにせよ。念仏の妨げとなるものは、すべて厭《いと》い捨てやめるべきである。聖《ひじり》であって念仏ができないならば、妻帯して念仏せよ。妻帯したために念仏ができないならば、聖になって申せ」との意向のもとに、結婚を決意するわけで、それが「行者宿報」の偈文であるとみられる。

したがって、まず建仁元年の春、太子示現の文（これは「廟窟偈《びょうくつ》」と考えられる）によって浄土門への帰入を決意し、法然のもとで専修念仏による救いを体得し、建仁三年四月五日の六角夢想の「行者宿報」の偈文によって、念仏者が結婚することへの指示を得たと解すべきであろう。

なお、六角夢想を、建仁三年の二年後の元久《げんきゅう》二年（一二〇五）とする説もあるが、この問題について、ここではこれ以上論じないが、建仁元年か三年か、または元久二年かというその年時の考定はともかく、太子示現と六角夢想はまったく別個であるべきだということを強調しておきたい。

❖結婚の時期

「行者宿報」の偈文によって、親鸞が直ちに結婚したかどうかは明らかではない。しかし、このときに結婚への決意をかため、遠からざる時点にそれを決行したとみられる。それでは、いったい結婚の時期はいつであろうか。このことは、室町時代の享禄《きょうろく》四年（一五三一）ごろ実悟がつくった『日野一流系図』のなかの親鸞の子女の出生から、ある程度推測することができる。

親鸞には七人の子女があったが、恵信尼の手紙によると、このうち第四子の明信が建暦《けんりゃく》元年（一二一一）三月三日に生まれている。これは親鸞が三九歳のときである。親鸞の流罪は三五歳であるから、系図の順序通りに子供が生まれたとすると、第一子の誕生は流罪以前にさか

範意
大弐　阿闍梨　遁世改印信
母後法性寺摂政兼実公女　月輪殿也

女子
号小黒女房
母兵部大輔三善為教女　法名恵信

善鸞
宮内卿遁世号慈信房
母同上

明信
号栗沢信蓮房
母

有房
叙爵従五位下　出家法名道性　号益方大夫入道
母

女子
号高野禅尼
母

女子
号右兵衛督局壮年之時　堀河右大臣忠親家女房
其時小野宮禅念房室也　産唯善房云々　又久我太政大臣通光公家女房
左衛門佐広綱室　宗恵阿闍梨母　出家法名覚信
母各同

のぼるであろう。もしそうだとすれば、妻帯ということが、女犯とみられ、流罪をうけるひとつの原因になっていたとも考えられる。

この系図には、第一子範意の母は九条兼実の娘とあり、伝説によると、親鸞は法然の許可を得て、兼実の娘玉日《たまひ》と結婚したという。ただし玉日は仮空の人物である。範意は法名を印信といったが、この印信という字は即生の誤りであって、即生は親鸞と今御前（あるいは「今御前の母」）という女性との間に生まれた子供であるとの説もある。

親鸞は越後に流されてのち、この地の豪族《ごうぞく》三善爲教《みよしためのり》の娘恵信と結婚して六大の子女をもうけたと考えられる。

❖一念義《いちねんぎ》

親鸞の結婚が女犯と解されて、それが処罰の対象となったのではないかということをのべたが、これに関連して考えられるのが一念義の問題である。肉食妻帯ということは聖道の僧侶にとっては破戒行為であったが、念仏者にはこれが浄土往生のさまたげにはならないと解された。それはやがて、念仏は破戒行為にたいする免罪符的な役目を果たすものと考えられるようになった。これは造悪無碍《ぞうあくむげ》の思想へとつながるのであるが、こうした思想を生みだす根底に一念義があるとみられる。

一念義とは、多念義《たねんぎ》に対する言葉で、多念とは念仏を多くとなえ浄土に往生しようとするものであり、一念義とはただ一声の念仏であっても、それによって浄土往生ができるという考え方である。この多念か一念かという問題は、法然教団において論議され、ついに両派に分かれ抗争するにいたる。

法然は、「悪をつくる凡夫であっても、一念してかならず往生する」とか「一声、南無阿弥陀仏と申せば、わが身はたとえ罪がふかくとも、仏の願力によって、往生する」といっており、弥陀の救いを信じてとなえる念仏は、たとえ一声の念仏であっても救われると説いて一念往生を容認している。しかし法然自身は一日に数万遍《すうまんべん》の念仏をとなえる多念の立場にあった。法然が一念往生を説いたのは、多くの念仏をとなえることのできない凡夫であっても、信の一念によってたすかる道を示したものである。そこで信の一念において救われた以後の多念は、弥陀の救済にたいする感謝の念仏であった。こうした立場をはっきりと明示したのが親鸞であったともいえる。

しかし、多念義の立場をとる人たちは、一念以後の念仏を感謝の念仏と解せず、浄土へ往生するための行と考えた。つまり念仏を多くとなえるその功徳《くどく》によって浄土に生まれることができるのだとし、行状をつつしみ心を正して念仏をすることをすすめた。

また一念義の立場において、いかに罪深い者であっても、ただ一声の念仏によって救われるのだというところから、念仏さえとなえたならば悪いことはいくらしてもよいと考え、不行跡な行為をするものがあった。

法然門下の聖光はその著『念仏名義集』のなかで一念義を非難してつぎのようにいっている。

一念と云ふは、人二たりが心を一つにするとよむ也。されば男女二人寄合て、我も人も二人が心よからん時に、一度にただ一声、南無阿弥陀仏と申すを一念義と申す也。されば寡《やもめ》にて一人あらんづる人は、此一念の行は有まじければ、往生はすまじきとて、一人ある人人が二人に成合へり、これ真にあさましあさまし。

一念義の人は、男女が一緒になって念仏をとなえなければ効果がないといって、やもめ・後家はそれぞれ相手をつくって、二人になって念仏をとなえるという破戒行為をおかしていると激しく攻撃している。一念義はこうした破戒行為につながりやすい思想を内蔵し、事実、こうした反道徳的・破戒的行為をする者もいたようである。

法然とともに処罰された行空・幸西は一念義の立場をとっており、親鸞も妻帯し在家主義をとり悪人救済（悪人正機《しょうき》説）をとなえる一念義的一面をもっている。承元の専修念仏者処断の対象に一念義の人たちが挙げられたとき、親鸞もその同類とみられ処罰されたということも考えられる。

❖非僧非俗

流罪の宣告をうけた親鸞は、さきに掲げた『教行信証』のあとがきのなかに、「僧にあらず俗にあらず（非僧非俗）、この故に禿《とく》の字をもって姓とす」とのべている。非僧というのは、自分は戒律を堅持し仏道を厳守することのできない僧である、という意味であろう。非俗というのは、社会人としても立派ではないとのことと思われる。つまり非僧非俗とは、僧としても落第であり、俗人としても一人前ではないと、深い自省に立脚しての言葉であった。さらにのちに、禿の姓の上に愚の字をつけて、愚禿《ぐとく》親鸞と称する。愚ということについて、法然は「浄土宗の人は愚者になりて往生す。……ものもおぼへぬあさましきひとびとのまいりたるを御覧じては、往生決定すべしとて、笑ませたまひし」という。専修念仏は、戒律を守ることのできない、無智の愚かな者のための教えであると強調する。その戒律を守れず肉食妻帯の僧を禿と称する。親鸞が愚禿を姓としたことは、自分のような破戒の愚かな者こそ、弥陀の救いの対象であることを示したものである。その昔、最澄が比叡に入山したときの願文に「愚中極愚《ぐちゅうのごくぐ》、狂中極狂《きょうちゅうのごくきょう》、塵禿有情《じんとくのうじょう》、底下最澄《ていげのさいちょう》」と、深く自己の本性を反省し、僧侶も俗人も受戒できる大乗円頓戒《だいじょうえんどんかい》を設立した。しかしその後の比叡山においては、僧侶も俗人もともに宗教的自覚を得ることができなくなった。親鸞は、最澄の愚禿の原点にたち返って、専修念仏に愚禿の生かされていく道を見いだしたのであった。

❖流人の生活

配流地の越後国府（今の上越市）における親鸞の生活をくわしく知ることはできない。『親鸞伝絵』には「大師聖人源空、若《もし》流刑に処せられたまはずば、我もまた配所に赴《おもむ》哉《かんや》。もしわれ配所に赴ずば、何に由《より》てか辺鄙《へんぴ》の群類を化せむ。これ猶《なお》師《し》教《きょう》の恩《おん》致《ち》也」と、辺境の人たちに念仏をひろめようとの決心をもって越後におもむいたと伝える。しかし実際には越後では積極的な伝道活動は行なわなかったようである。たとえば、親鸞の門弟中、越後在住のものは覚善ただ一人にすぎないのは、越後の伝道活動を否定するものである。それは流《る》人《にん》として下ったので、伝道は許されなかったと考えられ、また親鸞自身、積極的に念仏をすすめるほど、信がたかめられていなかったとも思われる。

直江津の居多ヶ浜《こたがはま》　親鸞上陸の地。（新潟県上越市写真提供）

越後における七年間の親鸞の生活は、妻をめとり子をもうけ、非僧非俗の愚禿の生活に、念仏をよろこび信を深める思索の期間であった。それは越後の風土、すなわち雪にとじこめられ、荒れ狂う北海の烈風にたえる厳冬の半年と、緑にさえわたる頸城野《くびきの》に坐してさわやかな妙高《みょうこう》の連峰に対する、明と闇との月日に、苦悩と救済との対置をみ、念仏による救いは、より強く親鸞の膚を通じて感じとられたことだろう。

❖恵信尼

越後に配流されて間もなく、親鸞は恵信尼と結婚したようである。恵信尼はさきに掲げた実悟《じつご》（一四九二―一五八四）の系図によると、「兵部大輔三善為教女」とあり、このころ越後介《すけ》に三善為則という人がおり、為教と為則は同一人物であるとみられる。彼は恵信尼の生まれる四年前の治承二年（一一七八）に越後介を解任されたというが、越後国府付近に住んでいた豪族であったと考えられる。その子孫と思われる三善讃阿は、明徳《めいとく》五年（一三九四）に越後国府の南、中頸城《くびき》郡板倉町東山寺の俗称山寺薬師に薬師三尊を造立して寄進している。したがって鎌倉時代から室町時代にかけて、国府地方に三善氏が勢力を張っていたことが知られる。

恵信尼の手紙が一〇通ほど現存しており、その文章や筆跡などからして、当時の地方女性としては珍しく高い教養を身につけていたことが察せられ、三善為教の娘という所伝は信じてよいと思われる。

恵信尼（龍谷大学図書館蔵）

彼女の手紙には、かつて親鸞とともに過ごした日の出来事がつづられているが、そのうちたとえば、かつて常陸の下妻《しもつま》境《さかい》郷に住んでいたとき、法然は勢至菩薩、親鸞は観音菩薩の化身であるとの夢をみた。恵信尼は親鸞に、夢の中の法然のことだけは告げたが、親鸞のことについては誰にも話さなかったという。娘覚信から親鸞の死を知らされて、はじめて覚信にこの夢のことを書いてやったが、その手紙の中に、この夢をみて以来、自分は夫親鸞は観音の化身であると深く尊敬し仕えたとしるしている。彼女は、単なる妻としてではなく、親鸞の教えのよき理解者として内助したことが知られる。

親鸞八二歳、恵信尼七三歳のころ、恵信尼は故郷越後に帰った。故郷では、信蓮房・益方・小黒女房《おぐろのにょうぼう》の三人の子と、その孫たちに囲まれた生活であったが、必ずしも安穏な日々ばかりではなかった。幾度か飢饉におそわれて住居を転々と移し、孫たちを飢えさせまいとして衣類など手放してしまったこと、娘の小黒女房の死去など苦悩をも経験した。

恵信尼八三歳のときには、死期の近づいたことを覚悟し、自分の墓を生前に建てようと思いたち、七尺の五重の塔を注文した。

八七歳のときに、自分はどことといって痛むところもないが、最近もの忘れがひどく頭も衰えたようである。もう死期も近いことであろう。京都の覚信尼や孫たちに再会できそうにない。私はいますぐにも極楽へまいるであろう。あなたも必ずお念仏して、極楽へおいでになりますようにと、覚信尼との浄土での再会を約している。

以上のようなことが、彼女の手紙にしるされており、これによって親鸞の妻恵信尼の面影の一端を察することができる。

Ⅲ

浄土真実の教え

伝道への旅

❖流罪《るざい》をゆるさる

親鸞は越後に流されて五年、建暦《けんりゃく》元年（一二一一）一一月、師法然とともに罪をゆるされた。かつて法然は、流罪の宣告をうけたとき、門弟のなかに、専修念仏のゆえに処罰されるのであるから、専修念仏を説くことを止めてはいかがですか、と申し出るものがあった。法然は、たとえ死刑にされようとも、自分は専修念仏をすてることはできないとのべ、強い決意のほどを示している。その法然も、配所において次第に老衰がはなはだしくなり、流罪赦免《しゃめん》が考慮されたのであろう。もともと専修念仏者を処罰した後鳥羽上皇自身は、専修念仏については反対ではなく、寵愛《ちょうあい》していた女房にそむかれたという一時の感情にかられての処置であったから、容易に赦免を許可したものとみられる。

法然は流罪をとかれた二か月後の建暦二年正月二五日、京都において八〇歳をもって死去した。親鸞は、法然の死を知り、京都に帰るのぞみをすて、なお越後にとどまったという。流罪

越後から常陸へ（『善信聖人絵』，三重県津市，専修寺蔵）

をゆるされた年の三月三日に信蓮房が生まれているので、幼児を連れての旅は困難であり、このことも越後に残留する一因であったのだろう。三年後の建保《けんぽう》二年（一二一四）親鸞四二歳のころ、越後を出て、常陸《ひたち》（茨城県）へ向かった。一たん京都に帰ってのち関東へ行ったという説もあるが、越後から直接、常陸へ旅立ったようである。

❖常陸への移住

親鸞が越後へ流罪になるとき「大師聖人源空、若《もし》流刑に処せられたまはずば、我もまた配所に赴哉。もしわれ配所に赴ずば、何に由てか辺鄙の群類を化せむ。これ猶師教の恩致《おんち》也」（『親鸞伝絵』）といい、法然とともに流罪になって越後に行くことは、辺境の人たちに念仏をおしえひろめよという、これも師法然の御恩恵であると感謝したと伝える。しかし配流《はいる》中の親鸞は、伝道よりは思惟《しい》の日々であったようで、積極的な伝道活動は流罪をゆるされて以後のことみられる。

建保二年、親鸞は越後から常陸へ移住するが、なぜ常陸をえらんだのであろうか。

その移住の理由について、たとえば、親鸞の妻恵信の実家三善氏の一族が常陸に住んでいたのではないか、また三善氏の所領が常陸にあったのではないかと。あるいは越後の農民が常陸に移住したのでそれにしたがって行ったと。また別の観点から、親鸞の尊敬する聖徳太子の信仰が東国では特に盛んであったので、そのためではなどと、いろいろと説がたてられている。

親鸞一家の常陸移住には、農民移動にしたがったか、あるいは三善氏の所領をたよって行ったのか、そうした何か直接の契機となるものがあったことはたしかであろう。親鸞一人なればともかく、妻子をひき連れての移住であるから、やはり生活についての何らかの目あてがなくてはならなかった。そのような直接の理由となるべきものとともに、当時の関東は鎌倉幕府が樹立されて間もなく、京都に対抗する新興の政治・文化の中心としての意欲に燃えており、保守的な越後の風土にたいし、親鸞の目には関東はフロンティア的気風があふれて生き生きと映り、この地こそ自分の念仏を全面的に受けいれてくれるものと思ったのではなかろうか。

❖読経よりは布教

建保二年（一二一四）、越後から常陸へ向かう途中、上野国《こうずけ》（群馬県）佐貫《さぬき》に滞在したときの出来事が恵信尼の手紙にみえる。それは親鸞が、人びとの幸福を願って『浄土三部経』(『大無量寿経』『観無量寿経』『阿弥陀経』)を千部読もうと思いたった、という。

阿弥陀仏に救いを求める行に、読誦《どくじゅ》・観察《かんざつ》・礼拝《らいはい》・称名《しょうみょう》・讃嘆《さんたん》供養《くよう》の五つがあり、そのうち読誦の行とは、何回となく経典を読むことにより、これを善き因として阿弥陀仏の救いを得ようとするもので、古来から最も多く修されてきた。しかし法然は、それら五つの行のうちから、とくに称名の行をえらんで、阿弥陀仏の名をとなえることが、助かる道であると説いた。すなわち専修念仏である。親鸞は、かつて比叡山の修行において、読経の行をつみかさねていた習慣によって、何気なく『浄土三部経』の千部読誦をはじめたようである。しかし、専修念仏者にとって、称名よりほかになすべきことなく、ただ念仏によって救われることを、一人でも多くの人に伝えることこそ、本当に人びとに幸福をわかち合うことができるのだと思いかえしたという。

それから一七、八年後に、再び親鸞は、佐貫で中止したはずの読経の行を志念したという。それは寛喜《かんぎ》三年(一二三一)四月一四日、風邪のため発熱し苦しんでいたとき、発病二日目に、『大無量寿経』をたえまなく読み、目をとじても、お経の文句がはっきりと目の底にみえた。これはいったいどうしたことかと、よくよく考えてみると、今から一七、八年以前に、『浄土三部経』を千部読もうとして中断したことがある。あのときの経を読もうとした心が、まだ少し残っているのかなと思い、比叡山で長い年月にわたって修めた自力の行への執着というものは、なかなかぬぐい去ることのできないものであることを知らされたと、親鸞はしみじみと語ったと、恵信尼は伝えている。

❖山伏弁円《やまぶしべんえん》の帰伏《きふく》

『浄土三部経』千部読誦を中断し、弥陀の本願を信ずる者は、その喜びを人びとに分かちあうことこそ、念仏者のとるべき道であると思いかえし、常陸国にはいり伝道を開始した。その親鸞の積極的な伝道活動を示すものに、山伏弁円の帰伏の物語がある。これを『親鸞伝絵』には、つぎのように伝えている。

親鸞は、常陸国において専修念仏を熱心に説きすすめたため、信順する者が次第に増加してきた。しかし、山伏の弁円という者が反感をいだき、親鸞を襲おうとすきをうかがっていた。親鸞は「板敷山《いたじきやま》という深山をつねに往返したまひけるに、彼山にして度々相待つといへども、更にその節を得ず」。弁円は一向に親鸞を襲う機会がなかったという。そこでついに親鸞の住む禅室までおしかけてきた。ところが親鸞は、殊更《ことさら》に警戒する様子もなく、さりげなく気軽に出てきて、弁円に会った。その顔を見、姿に接して、弁円のいだいていた「害心たちまちに消滅し、あまつさえ後悔の涙禁じがたし。ややしばらくありて、有《あり》のまま日ごろの宿うつを述す

常陸稲田における伝道（『親鸞伝絵』，京都市，真宗大谷派［東本願寺］蔵）

といへども、聖人（親鸞）またおどろけるいろなし。たちどころに弓箭《ゆみや》をきり、刀杖《とうじょう》をすて、頭巾《ときん》をとり、柿衣《かきのころも》をあらためて、仏教に帰しつつ、終に素懐《そくわい》をとげき。不思議なりし事なり。明法房これなり」と。

親鸞が伝道をはじめるまで、常陸など東国地方に、専修念仏の教えが、全然はいっていなかったのではない。武蔵《むさし》国（東京都・埼玉県他）には「つのとの三郎」という法然の有力な門弟がいた。また常陸の真壁《まかべ》には、敬仏・心仏などという専修念仏者のいたことが『沙石集《しゃせきしゅう》』などにみえる。こうした既存の念仏者を中心とする信者たちが、親鸞の伝道によって、さらに大きいひろがりをみせたことと思われる。それは天台・真言などの旧仏教や禅に心をよせる民衆を、念仏の信者として吸収したことであろう。当然ここに天台・真言宗の僧、山伏などの既成宗教団体の反ぱつがあり、弁円の物語はそうした東国宗教の状況下における親鸞の地位を示すものといえよう。

❖念仏集団と既成宗教

親鸞の教えと人格とを中心に集まる念仏集団が、時とともにさらに大きくなるにしたがい、既成宗教との摩擦も増大する。のち親鸞が二〇年にわたる東国伝道を打ちきって京都に帰ったのも、これが一因であるとも考えられる。親鸞の玄孫存覚《げんそんぞんかく》（覚如の長子）が『破邪顕正抄《はじゃけんしょうしょう》』のはじめに「はやく山寺聖道の諸僧ならびに山伏・巫女《みこ》・陰陽師《おんみょうじ》などが無実非分の讒言濫妨《ざんげんらんぼう》を停止《ちょうじ》せられんことを」とのべており、親鸞教団の成長発展にともない既成宗教の圧迫が、その後次第に加重したことが知られる。

これは親鸞の教団が、在来の宗教団体とは、異質の宗教的立場をとる集団であったから、当然おこりうることでもあった。すなわち親鸞の教団は、在来の教団のように「出家発心《ほっしん》の儀をこととせず」「農業をつとむるものは、つとめながらこれを行じ、官仕《かんし》をいたすものは、いたしながらこれを信ず」（『破邪顕正抄』）と、出家して僧にならなくとも、在家の俗人のままで仏になれる教えであり、職業や社会階層の別なく、平等に救われていく道であった。しかもその説く教えは、極めて単純であった。真言・法華などの教えが、「難行上根《なんぎょうじょうこん》のつとめ、観念成《かんねんじょう》就《じゅ》のさとり」で六波羅蜜などの行を厳重におさめた上に得られるものであるが、実際には「今生においては、煩悩《ぼんのう》悪障を断ぜんことときわめてありがたく」、一般の民衆には自力の修行をすすめる真言・法華において宗教的自覚を得ることはきわめて困難であった。しかし親鸞の教えは「今生に本願を信じて、かの土にしてさとりをばひらく」（『歎異抄』）と、弥陀仏の誓いを信ずることによって救われ、戒行を必要とせず、諸仏をたのまぬものであった。

また民族宗教にたいしても親鸞は「かなしきかなや道俗の、良時吉日えらばしめ、天神地祇《てんじんちぎ》をあがめつつ、卜占祭祀《ぼくぜんさいし》つとめとす』（『正像末和讃』）と、人びとの吉兆《きっちょう》を求める浅薄な神信仰をするどく非難している。

こうした旧仏教や民族宗教にたいする親鸞の強い批判は、当然そこにこれら教団からの反ぱつをまぬがれることはできなかった。

❖親鸞とその門弟

「親鸞は弟子一人も、もたずさふらふ」（『歎異抄』）と、親鸞は元来、弟子と師匠の関係を否定し、「弥陀の御もよほしにあずか（っ）て念仏まうしさふらふひとを、わが弟子とまうすこと、きはめたる荒涼のことなり」（『歎異抄』）と、念仏をとなえる人は、みな仏の弟子であって、弟子とか師匠という関係は本来あるべきものではない。親鸞にとっては、ともに念仏をとなえるものは、同行《どうぎょう》・同朋《どうぼう》の同信者であるとし、師弟上下関係によって結ばれる教団の構成は考えなかった。この親鸞の同朋思想は、中国の曇鸞の「同一に念仏して、別に道なきがゆえに、遠く通ずるに、それ四海の内、みな兄弟とするなり」(『浄土論註』)をうけつぐものであった。親鸞の、一人でも多くの人びとに他力念仏の真意を伝えようとする布教活動の結果、念仏を信ずる者が増加し、やがて同信者を結合する集団が形成された。その念仏集団には、教えをとく者と、教えをきく者、すなわち師匠と弟子、僧侶と俗人という分化もみられ、親鸞の本意に反する方向へと歩みはじめる。そして念仏集団はやがて組織化への方向をたどり、法然の忌日《きじつ》の二五日には、毎月集会を行なうなどの定期的な行事ももたれるようになった。

親鸞を中心とする集団の在り方について、既存の念仏結社である二十五三昧講《さんまいこう》が考えられる。この二十五三昧講は、比叡山横川の源信が作ったといわれる『横川首楞厳院《よかわしゅりょうごんいん》二十五三昧式《さんまいしき》』によると、毎月一五日に集合して一心に念仏の行を修するが、その構成員は、法皇をはじめ比《び》丘尼《くに》・沙弥《しゃみ》・俗人も含まれ、職業や社会階層にこだわらず、信仰によって結ばれた集まりであったという。

親鸞を中心に集まった人びとも、その構成員は大部分は農民で占められていたが、なかには武士や商人もおり、これまた貴賤や職業を問わない平等な結びつきであった。従ってその集団は、念仏者は同行同朋であるとの基本姿勢によって、親鸞の生存中には、まとまった組織形態や統制機構をととのえていなかったようである。

❖門徒の形成

親鸞の門弟の名前をしるした『親鸞聖人門侶交名《きょうみょう》』によると、常陸二〇・下総《しもうさ》四・下野六・武蔵一・陸奥《むつ》七・越後一・遠江《とおとうみ》一・京都八の計四八名が親鸞から直接に教えをうけた者として記載されている。その国別の門弟名は左の通りである。

常陸国（茨城県）入西　乗念　順信　慶西　善性　実念　安養　入信　念信　乗信　唯信　慈善　善明　唯円　善念　頼重　法善　明法　証信　教念

下総国（千葉県）性信　信楽　常念　西願

下野国（栃木県）真仏　顕智　慶信　信願　覚真　尼法師

武蔵国（東京都・埼玉県他）西念

陸奥国（福島・宮城・岩手県他）如信　無為子　是信　本願　唯信　唯仏　覚円

越後国（新潟県）覚善

遠江国（静岡県）専信

京　都　尊蓮　宗綱　尋有　兼有　蓮位　賢阿　善善　浄信

右の四八名は親鸞の直弟子の総数ではない。というのは『交名』は、親鸞没後に念仏者の中

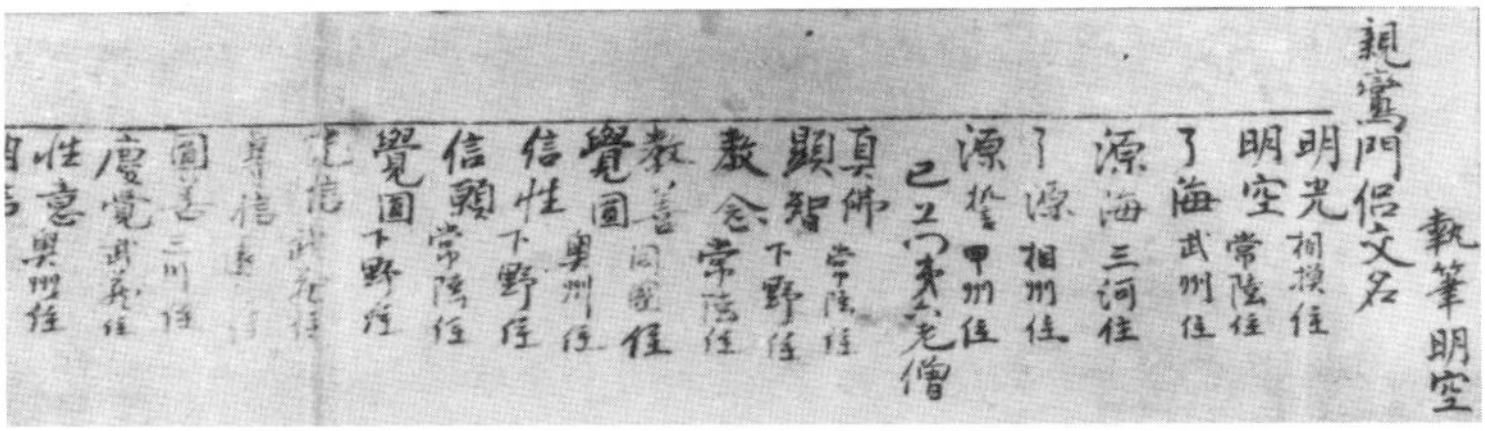
親鸞門侶交名　執筆明空
明光　相模住
明空　常陸住
了海　武州住
源海　三河住
了源　相州住
源誓　甲州住
真仏　常陸住
顕智　下野住
教念　常陸住
教善　同国住
覚円　奥州住
信性　下野住
信願　常陸住
覚円　下野住
光信　武蔵住
円善　三川住
慶覚　武蔵住
性意　奥州住

『親鸞聖人門侶交名』（茨城県下妻市，光明寺蔵）

に諸国を放浪して念仏をすすめる一団があり、それがしばしば法令を無視し社会秩序をみだすような行為をして、幕府から取り締まりをうけたとき、親鸞の門流はそうした念仏者とは別個のものであると、幕府に上申した際に添付した名簿とみられる。したがってその上申した当時に所在していた門弟の法系を掲げたもので、親鸞門弟のすべてを列挙したものではなかった。

『交名』以外に、親鸞の手紙や聖教などに三〇名ほどの名がみえるので、それを合わすと、百名ちかくの門弟がいたと推定される。しかも、これら門弟は、親鸞から直接に教えをうけた人たちで、この人たちはまたそれぞれに数十名の門弟をもっていたので、それらを合算するとかなり多人数にのぼることが想像される。

この念仏者たちは、親鸞が京都に帰ってのちは、有力な直弟子を中心に結集し、その所在地名をつけた門徒名によって呼ばれるようになった。下野国高田の真仏《しんぶつ》（一二〇九―五八）・顕智《けんち》（一二二六―一三一〇）を中心とする集団は高田門徒と称され、常陸国布川《ふかわ》の教念を中心とするものは布川門徒というように呼ばれた。このほか武蔵の荒木門徒（光信）、下総の横曽根《よこそね》門徒（往信）および、それから分かれた蕗田《ふきた》門徒（善性）、同国の佐島門徒（常念）、常陸の鹿島門徒

（順信）、陸奥の浅香《あさか》門徒（覚円）や伊達《だて》門徒（性意）などがあった。

❖門徒の制戒《せいかい》

念仏者の集団が構成されると、正しい教えの保持、教団の維持統制のために、一種の律法措置が必要となってくる。はじめは、親鸞の日常の言行や手紙による教諭などが門弟の生活規範となっていた。生活規範といっても親鸞の場合は、信仰生活についての事柄、正しい信をたかめることについての心構えで、日常生活ないしは教団についての規範ではなかった。その後、門弟の集まりが教団として社会的存在価値を増大するにしたがい、また、教団人としてあるまじき行為をしたり、教団の団結をみだす事件が発生するなどして、念仏者を規律する制戒が設けられるようになった。

真仏（栃木県真岡市，専修寺蔵）

その制戒に、弘安《こうあん》八年（一二八五）の善円《ぜんえん》の署名のある十七か条制禁、浄興寺の二十一か条制禁、了智《りょうち》の六か条制禁などがある。たとえば、新潟県上越市浄興寺所蔵の二十一か条制禁は、同寺の開基善性が親鸞の戒諭を集め記したもので、のち善性が法性に伝え、法性がもと和文であったのを漢文に書き改めたという。善円も了智もほぼ同時代の人で、親鸞の晩年から没後にかけて活躍したとみられるが、この両名の記した十七か条および六か条の制禁も、親鸞の在世から没後にかけての、念仏集団の戒諭である。

そのうち、善円の十七か条制禁は、つぎのような内容（取意）のものである。

制　禁

一向専修の念仏者のなかに停止《ちょうじ》せしむべき条々の事

一　専修念仏者は、阿弥陀仏以外の仏・菩薩を軽んじたり、他宗の人びとを非難してはいけない。

一　他宗の人にたいし、法論をいどんではいけない。

一　主人や父母を尊敬し大切にすること。

一　神を軽んじてはならない。

一　道場に参詣しているとき、自らをほこり他人をあなどる心をおこしたり、笑ったりささやいたりせぬこと。

一　邪《よこ》しまな法を説き、師匠の悪名を立てぬよう。

一　師匠であるといっても、是非をただささずに弟子を勘当《かんどう》しないこと。

一　共に念仏する同輩、および自分に念仏をすすめてくれた先輩や師匠を軽べつしてはいけない。
一　念仏者の中に、でたらめを言うものがおると訴え出るものがいたとき、両方の言い分を聞いて裁定すること。
一　念仏の日の集会に魚や鳥の肉を食べぬこと。
一　念仏勤行のとき、男と女は同座しないこと。
一　念仏によるつきあいを、牛馬の売買や人の雇傭《こよう》に利用しないこと。
一　念仏者が商売をするとき、うそいつわりを言ってはならない。そして一文の銭であっても不当な利益をあげてはいけない。そのようなときには返金すべきである。
一　他人の妻と密通し、さらにその悪口をいうというような不義の悪行をしてはならない。
一　酒をのむことがあっても、酒乱におちいるようなのみ方をしてはいけない。
一　盗みやばくちをしてはいけない。
一　自分よりすぐれた人をそねみ、おとっている人を軽べつするようなことをしてはいけない。
右の十七か条のいましめをよく守り、違反しないように、専修念仏者の中に周知させ、もしこの条項に違反する者があれば、同朋同行であっても、念仏者の仲間から除名し、念仏の集会などには参加を許さない。

弘安八年八月一三日　　　　善円（判）

右の禁制は親鸞の教えをうけつぐ真宗門徒としての仏法・世法に対処する生活態度を指示したものである。かつて法然は比叡山衆徒の専修念仏非難にたいし、門徒の実践すべき七か条の制禁を出した。右の善円の十七か条には、この法然の七か条制戒と共通のものもみられる。また奈良仏教徒が専修念仏者を批判した興福寺奏状には、九か条の過失を列挙しているが、善円の十七か条制禁は、こうした非難に対処して出されたとみられる条項もある。しかしまた十七か条中には親鸞教団独自の制戒もみられる。

たとえば、人馬の口入や商売上の暴利を禁じた条項があるが、これは門徒の中に商人もいたことを物語るものである。また他人の妻を犯すことを禁じたのもあるが、こうした条項が設けられたのは、念仏者の中に、実際にそのような不義密通をはたらく者がおり、門徒の風紀がみだれていたためであるというかも知れない。しかし、こうした禁令がみられるからといって、必ずしもそれが行なわれていたとはいえない。当時、名主《みょうしゅ》や有力百姓に、貧農の妻女に乱暴する例が多くあり、幕府は法令でこれを禁止している。善円の禁制に、この条項が入れられたの

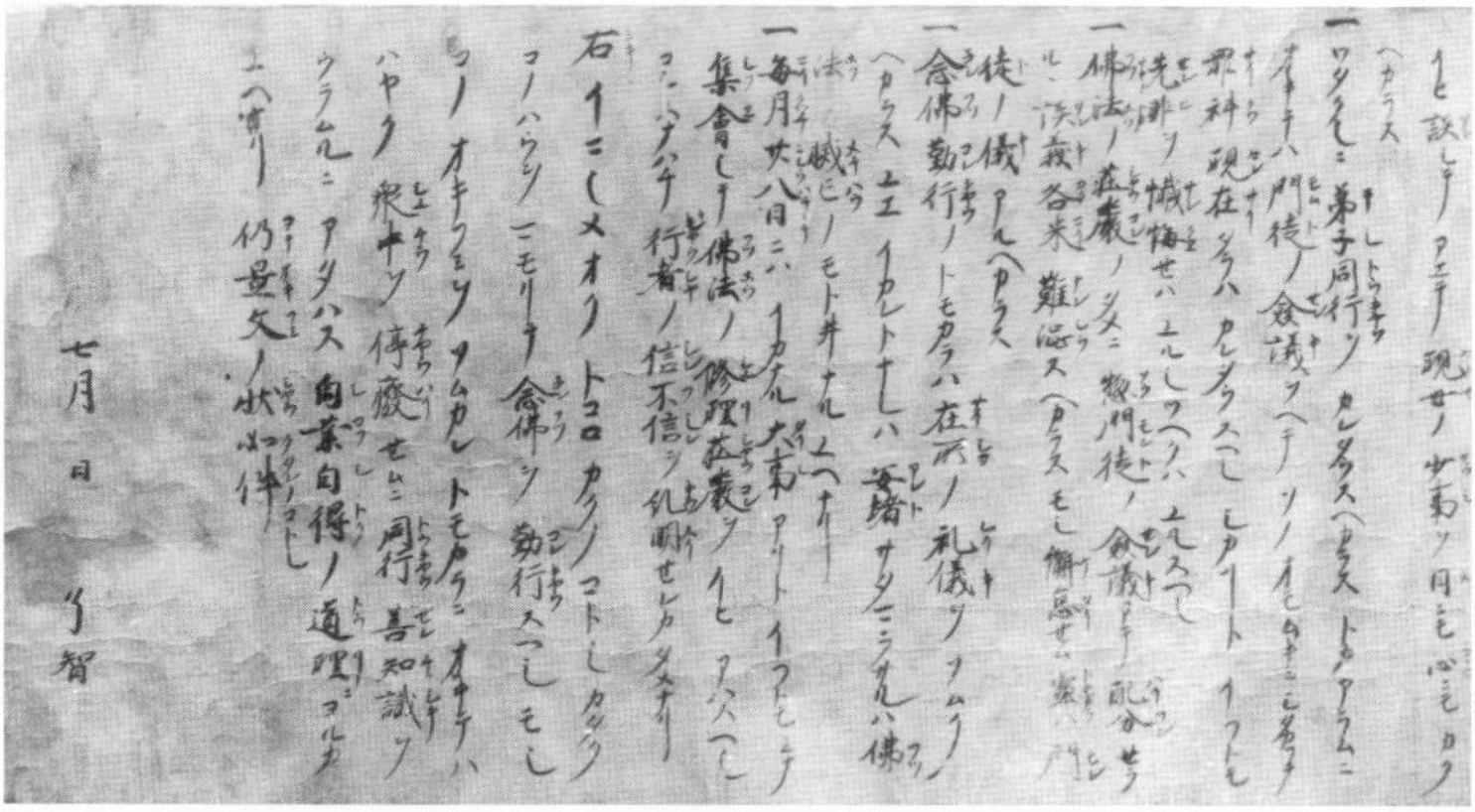

了智の六か条制禁（長野県松本市，真宗大谷派 正行寺蔵）

は、一般社会の悪風を、念仏者の名において、自戒していこうとの意図のもとに設定されたとも考えられる。

浄興寺の二十一か条、了智の六か条には、善円の十七か条以外に、師匠の説に反するものは、念仏衆の議決を経て聖教の返環を命ずることを定めている。真宗門徒における師弟関係は、具体的には本尊や聖教の授受によって成立する。したがって、本尊・聖教を返させることは、念仏者からの仲間はずれ、門徒からの追放を意味する。門徒の統制上、この種の制戒が各地門徒において行なわれていたようである。師匠を大切にすべきことは、各禁制にみられるが、了智の六か条には「師匠にそむく者は、いかに念仏しても、浄土に往生することはできない」とのべている。しかし、こうした考え方は、知識帰命《ちしききみょう》の邪説におちいるおそれがある。知識帰命とは、知識は善知識ともいい、念仏による救いの道を指示してくれた師匠のことである。帰命とは帰依、すなわちたのむことである。師匠をたのむこと、師匠を阿弥陀仏になぞらえ、師を絶対者とし阿弥陀仏と同格にみて、尊敬し、たのむことである。ある門徒では、後にこうした知識帰命が行なわれたが、善円・了智の禁制には、これにおちいらないよう、師匠の独断を防止する条目が設けられている。

念仏者の集会は、親鸞生存中は法然の忌日である二五日に毎月集まっており、この日を「念仏の日」または「念仏勤行《ごんぎょう》の日」と称した。親鸞の死後は、その忌日の二八日か前日の二七日に開催された。この日には念仏者は「いかなる大事ありといふとも、みな集合して、仏法の修《しゅう》理荘厳《りしょうごん》をいひあはすべし」(了智の禁制)と定められている。集会の費用や教団の運営費は、談義米《だんぎまい》という名目でもって義務的に徴収している。これは親鸞の生存中には「念仏のすすめもの」と称し、門弟が任意に集めて親鸞のもとに送りとどけていたが、やがて門徒の予算会議を経て談義米として各人に配分して割り当てるようになった。こうして教団は次第に組織化し運用されるようになったが、前記の禁制の発布は、発展しつつある門徒団として、内部的には念仏者の統制を強化するとともに、地域社会における一般住民との摩擦をさけ、円滑な社会的展開をはかるためでもあった。

❖京都に帰る

親鸞は東国で伝道につとめること二〇年、六二、三歳のころ京都に帰った。帰京の理由につ

親鸞筆「各号本尊」
（三重県津市，専修寺蔵）

いては、いろいろの説があるが、さきにのべた門弟団の増大ということも一原因と考えられる。親鸞は、人の師となることをさけていたが、多年の伝道の成果は、念仏者の増加をきたし、いつしか教団の中心人物にまつりあげられていた。その教団には、他宗教との深刻な対立がある一面、また内部的には、有力門弟のなかに信者のうばい合いを演じたり、離脱する信者からあたえていた本尊や聖教をとり返し、あるいは寄付金の多少にしたがって大小の仏になるなどという者もあらわれ、親鸞の教えにそむく発言や考えの門弟が出るようになった。例えば、本尊・聖教の返還については、かって常陸国新堤の信楽《しんぎょう》という門弟が、親鸞の教えにそむいて破門されたとき、門弟蓮位が親鸞に、信楽にあたえた本尊および聖教の返還を命じてはと進言した。すると親鸞は、本尊・聖教を返させるということはすべきではない。念仏の法は親鸞がさずけたのではなく、仏よりたまわったもので、親鸞の門弟は一人もなく、みな仏の弟子である。

本尊・聖教は人びとを教化するがため、仏のおぼしめしによって、自分がかりにあたえたもので、親鸞のものではない。したがって自分にそむいたからといって、それをとりかえすべきではない。もし信楽が、かりに本尊・聖教を山野にすてたとしても、それを拾った人たちが、またそれによって、仏の法を知り、救われていくことになる、といったという。しかし、さきにのべた浄興寺および了智の禁制にも本尊・聖教の返還規定があり、当時の教団でこれがひろく行なわれていたことが知られる。

また念仏者が過ちをおかしたとき、せっかんをし、冬は冷水をあびせ、夏は灸《きゅう》をすえてこらしめるなどの暴行を加える師匠もいた。

このような教団の内部における問題が親鸞を関東から京都へ帰らせる一因となったとも考えられる。また、帰京したころ、文暦《ぶんりゃく》二年（一二三五）に幕府から念仏者を取り締まる法令が発せられており、これに関連があるのではないかともいわれる。この取り締まり令は、肉食をしたり、女性を招き徒党をくみ酒宴を行なうなど不謹慎な行為をする念仏者がおり、これら念仏者を鎌倉から追放し、住家を破壊するという内容であった。さらに黒い衣を着て全国を横行し、ややもすれば乱行するおそれのある念仏者の取り締まりも朝廷に要請している。

いまひとつの帰京の理由として、『教行信証』を完成するためということが挙げられる。親鸞は常陸在住中に『教行信証』の執筆に着手し、やがてその述作を一応は終わったけれども、なおその完結が大きな課題としてのこっており、それをなしとげるために、帰京したというのである。

このほかに親鸞一家の家庭事情から帰ったのではという説もある。ともかく、親鸞の帰京理由は、単一の原因によるのではなく、いろいろな条件が結び合わされて、帰京を決断したものとみられる。

『教行信証』を著わす

❖『教行信証《きょうぎょうしんしょう》』の執筆

『親鸞聖人正統伝』に、五二歳のとき元仁《げんにん》元年（一二二四）正月一五日より常陸国笠間《かさま》郡稲《いな》田《だ》で『教行信証』を書きととのえた。親鸞ははじめ四八歳の夏のころから草稿をつくりはじめたが、それはメモの程度であった。そこで今年（元仁元年）の春から、六巻に分類して、前後終始をととのえた。しかし、清書をしたのは五六歳の秋であった、と伝えている。この『親鸞聖人正統伝』は高田門徒の系流をひく学者が江戸時代に著わしたもので、真仏・顕智などの親鸞直弟子から伝えられた親鸞伝を編集したとみられる。『教行信証』の述作については、高田門徒に右のような伝承があったのであろう。しかし、覚知の『親鸞伝絵』のなかには著述の事情は何ものべていない。

元仁元年に執筆したということについて、『教行信証』の第六巻目の化身土《けしんど》巻に、正像末の三時代の年代を考定する文中に「至ル㆓我元仁元年ニ㆒」とあって、元仁元年を基準に計算している。したがって、少なくともこの化身土巻の正像末の三時代を論述した箇所は元仁元年に書いたことはたしかである。親鸞は『教行信証』を何回か加筆訂正しており、現存の最古の『教行信証』である親鸞自筆の坂東本『教行信証』(東本願寺所蔵)は、最初の原稿(初稿本)ではなく、初稿本を書写加筆したものであるともいわれる。もともと初稿本には元仁元年の年紀の文はなく、改訂した部分にあるとして、『教行信証』の一応の成立を元仁元年(一二二四)以前に求める説もある。元仁元年以前といっても、初稿本『教行信証』に引用の『般舟讃《はんじゅさん》』という本が、建保《けんぽう》五年(一二一七)にはじめて仁和寺で発見されたといわれるから、それ以前にはさかのぼらないとみられる。

元仁元年は、親鸞の師法然の十三回忌にあたる。また同年には比叡山の衆徒が念仏禁止を朝廷に要求し、それによって嘉禄《かろく》・文暦《ぶんりゃく》の念仏弾圧がひきおこされている。専修念仏者にたいする度重なる不当な弾圧に、親鸞が仏教における専修念仏の正しい位置づけを意図したものが、『教行信証』であったともいえる。

『教行信証』は、親鸞が東国伝道のかたわら、身辺につねにたずさえて、たえず訂正を加えていたと想像され、その一応の完成は、京都に帰ってのちの寛元《かんげん》五年(一二四七)ごろである。というのは、同年二月五日、親鸞は門弟の尊蓮に『教行信証』を書き写すことを許可している。また建長《けんちょう》七年(一二五五)には専海も書写しており、これは親鸞の『教行信証』訂正の作業が一段落し、門弟にあたえてもよい状態になったことを示すものであろう。

法然の主著『選択集』は、秘書としてその公開を拒否した。しかし、親鸞の『教行信証』は、さきにのべたように、旧仏教や政治権力の念仏弾圧をひとつの縁として著わされたようであるから、その公開は拒まなかったと考えられる。それは同書の化身土巻に「若《も》しこの書を見聞せむ者は、信順を因《いん》となし、疑謗《ぎぼう》を縁として、信楽《しんぎょう》を願力にあらはし、妙果を安養にあらはさむ」とのべ、この『教行信証』を読んだ者は、これによって浄土真宗への帰入を志念してほしいと希望している。この言葉は、本書が秘書として蔵されるより、ひろく人びとに読まれ、多くの念仏者を輩出することをのぞんでいることを示すものであろう。

元来、『教行信証』は、親鸞が釈迦をはじめインド・中国・日本の浄土教家の教説、すなわち経・論・釈から、自分の信心をつちかってくれた部分をぬきだして体系的に配列し、自己の信の正しさを確認しようとして編まれたものである。こうした自己自身への信の正統性確認と同時に、同信者にたいし、その信の正統性を示そうとする伝道的な配慮もあったと考えられる。したがって、聖道諸宗や浄土異流の人たちと対決することを主目的として著わしたものではなかった。だが『教行信証』のあとがきに、聖道門の僧や上皇・天皇の不法行為をはげしく批判しており、正法の宣布《せんぷ》をさまたげる行為は排除しようという強い姿勢はみせている。非難・弾圧の嵐の中に、自己の信ずる法をあくまで守りぬき、それを人びとに伝えていこうとする態度、これは晩年の円熟した風格とは異なった五〇歳前後ならでは見られない毅然とした親鸞の姿を、そこに見ることができる。

❖『教行信証』の構成

『教行信証』は、つぶさには、『顕浄土真実教行証文類』といい、この題名から知られるように、釈迦の経典や高僧の著述のなかから、浄土に生まれるためには、どのような教えにより、いかなる修行が必要であるかということを明らかにした部分をぬきだし、類別したものである。それは、教・行・信・証・真仏土・化身土の六巻からなり、最初に総序（まえがき）と、とくに信巻のはじめにも序文があり、化身土巻のあとに後序（あとがき）がつけられている。

教巻は、数多い釈迦の経典のなかで、とくに『大無量寿経』が浄土に生まれる教えをといたものであるとする。『大無量寿経』は、釈迦が王舎城《おうしゃじょう》外の霊鷲山《りょうじゅせん》で説いたもので、まず法蔵菩薩が人びとの苦しみの原因をとり除こうと、四八の願をたて、永い修行の末に阿弥陀仏となり、極楽浄土を建設したいきさつをのべ、ついで、その阿弥陀仏の願のいわれをきき信心する人は、浄土に往生することができると説いている。親鸞は、この経典こそ釈迦が世に出て法をとく本懐であったといっている。

第二巻の行巻には、浄土に生まれるためのほんとうの行は、弥陀仏の名号であると説く。普

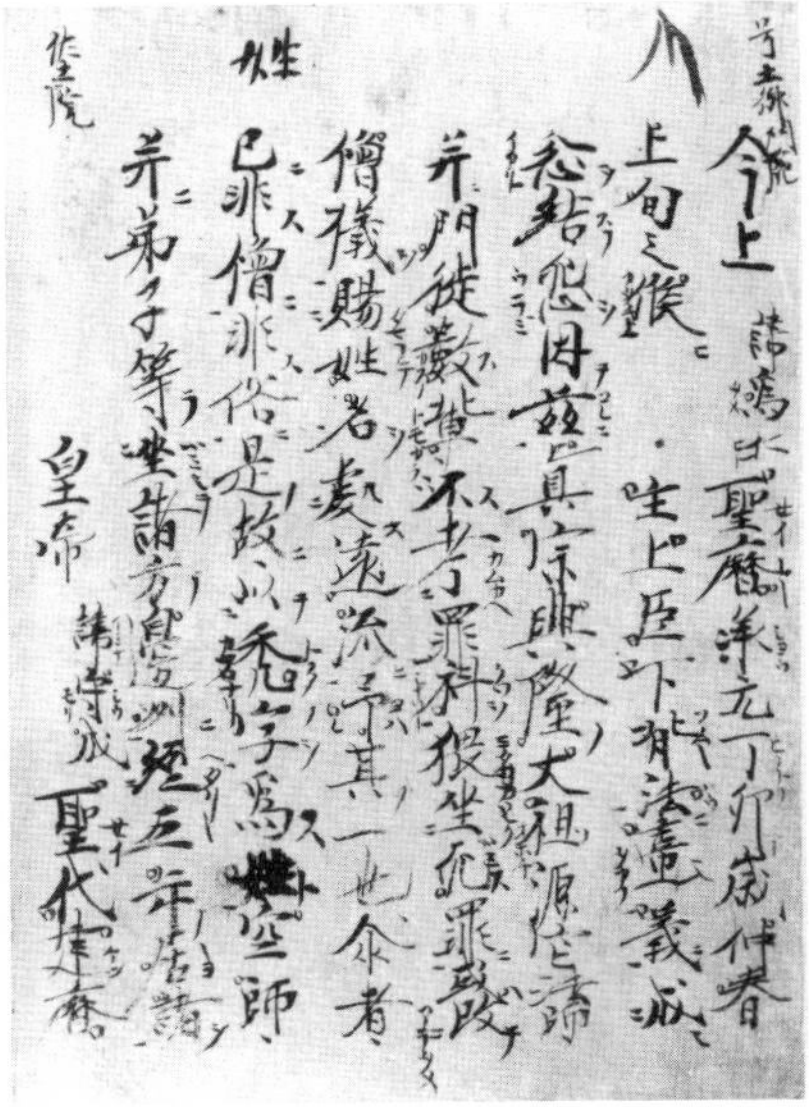

『教行信証』（京都市，真宗大谷派［東本願寺］蔵）

通、行といえば、からだと言葉と心とをはたらかせて、仏になる因をつくりだすことである。しかし阿弥陀仏の名号には、すでに法蔵菩薩が、人びとに代わって行なった行が含まれているので、弥陀仏を信じて名号をとなえる人は、行を修さなくとも、この名号の力でもって、仏になることができるとし、信と行とは不離であることを説いている。

　この行巻には、『浄土三部経』にかぎらず、『涅槃《ねはん》経』や『華厳《けごん》経』などからも引用している。法然が善導の教学を中心にし、ひとえにそれに依存したのにたいし、『教行信証』には六〇冊ほどの経典や高僧の著書からの引用がみられ、親鸞がひろく仏教全体のなかにその教学を位置づけようとした意図がうかがわれる。

　坂東本『教行信証』の教巻には、改訂のあとはみられないが、行巻には加筆・増補などが盛んに行なわれている。

　つぎの教巻は、名号を信ずる真実の信をあらわしたものである。元来、阿弥陀仏の名号は、人びとを救うためのものであるが、人がこれを信じなければ、その人は救われない。浄土に生まれるか生まれないかは、信ずるか信じないかによってきまる。これを信心正因《しんじんしょういん》という。信心について『無量寿経』に、至心《ししん》・信楽《しんぎょう》・欲生《よくしょう》の三心に分けて説明してあるが、親鸞は、三心を信楽の一心に摂して理解し、信巻の主点はこの部分におかれている。

第四巻の証巻は、真実の行信を因とし、それによって得るところの真実の証果を示したものである。すなわち名号を信ずれば、浄土に生まれて阿弥陀仏と同じさとりを得ることができる。そしてまた再びこの人間世界にかえってきて、人びとを救済する活動をおこすことができると説いている。

第五の真仏土《しんぶつど》巻は、阿弥陀仏のさとりの世界である真仏真土のことを説いたものである。阿弥陀仏およびその国土(極楽浄土)は、阿弥陀仏の前身である法蔵菩薩が願をおこし修行した因に報いて出現したものである。そのためこれを報仏報土《ほうぶつほうど》という。しかし、その因願には、真実と方便とがあり、したがってその結果である浄土にも、また真実と方便とがある。真実の因願によって生ずるのが真仏真土であり、方便の因願に応ずるものが化身化土であるという。この化身化土についてのべたのが第六巻である。

化身土巻に説く方便の法に、要門と真門がある。要門とは『観無量寿経』に説く、浄土に生まれる因として、定善《じょうぜん》・散善《さんぜん》を修することをいう。定善とは心を静めて雑念をはらうこと、散善とは悪をやめ善も修することである。要門は、阿弥陀仏の力によって浄土に生れることを願う点では他力教であるが、定散二善を修めることは、聖道教と同じく自力の心であるから、親鸞はこれを他力の中の自力として排する。

要門にたいして、定散二善を修せず、ただ一向に仏の力をたのみ、念仏をとなえる純粋他力の法を弘願《ぐがん》と名づける。この要門と弘願という分類は、中国の善導が設定したものであるが、親鸞はその中間に真門という一階を考定している。

真門とは、弘願真実への門という意味である。専修念仏を修することがすべて純粋他力の弘願であるかというに、その専修念仏にも自力の念仏と他力の念仏の区別がある。自力の念仏とは、念仏を多くとなえ、その功によって仏にたすけられると考えるものである。これは念仏に自力の功を加えようとするもので、純粋他力の念仏ではなく、弘願真実への門戸であり、これを真門と名づけた。

親鸞の念仏は、純粋他力・絶対他力の教えであって、その念仏は、わが身の善とか悪にかかわることなく、ひとえに仏をたのみ念仏をとなえることにある。そのとなえる念仏に、一片の私のはからいの思いを加える必要がないことを強調する。

『教行信証』六巻のうち、第三の信巻がその中心をなすものといえよう。

法然は、仏教の中から専修念仏という教えをえらびだした。親鸞は、そのもっぱら念仏を修するなかに、信心正因、称名報恩という立場を析出した。すなわち浄土に生まれる因は、名号成立のいわれをきき、それを信ずる信の一念に定まるものであり、信を得たのちの称名念仏は、阿弥陀仏への報恩であるとする。『教行信証』行巻の「正信偈」に、

憶二念弥陀仏本願一　自然即時入二必定一
唯能常称二如来号一　応レ報二大悲弘誓恩一

とあり、これは弥陀仏の本願を信ずるとき、浄土に生まれることがきまる。浄土に生まれることがきまった者は、常によく名号をとなえ、たすけて下さる仏の恩を感謝すべきであるという意味で、真宗念仏者の立場を明示したものである。

❖他力の救い

親鸞のとく絶対他力の教えとはいったいどのようなものであろうか。六波羅蜜などの行を修め、心を正し身を浄くして悟りを開こうとすることは容易に理解できる。しかし、法蔵菩薩が凡夫に代わって修行し、そのために行のできない凡夫が、浄土に生まれるということは、なかなか理解し難い。

浄土真宗の篤信者《とくしんしゃ》として著名な因幡《いなば》（鳥取県）の源左《げんざ》（一八四二―一九三〇）は、田舎の無学な百姓であったが、彼も弥陀仏の他力の救いは、容易にわからなかった。それが三〇歳ごろのある日、突然に他力の救いを知らされたという。

それは突如とした契機であった。夏のことである。いつものように朝早く牛を追うて裏山に草刈に出かけた。漸《ようや》く刈り終えて牛の背の右と左とに一把ずつ附け、さて自らでは負ひきれぬその重い把《たば》を、さらに一つその背にのせた時、突如として彼の心にひらめくものがあった。彼の言葉を借りると、「ふいっと分らせて貰《もら》った」のである。

何を分らせて貰ったのであろうか。他力の教えを知らせて貰ったのである。他力の教えとは何なのか。人間には負ひきれぬ業《ごう》の科《とが》を、弥陀が背負って下さるとのことである。草を刈ったのは源左である。その草は業《ごう》である。その業は源左の力では負ひきれぬ。それを今背負ってくれるのは牛である。牛は弥陀の姿である。草を食《は》んで牛は牛となる。その草を牛が、今や背負う。人間の業《ごう》を食《は》んで弥陀は弥陀となる。人間の業を背負はずば、弥陀は弥陀とならぬ。即ち正覚を取らぬと契《ちか》われたではないか。それが弥陀の大願である。本願である。源左にははたと思い当たるものがあった。

彼はその時いとも力弱い自らの姿を見せつけられた。その弱い彼をこそ待っている弥陀の姿を見つめた。彼は忽然《こつぜん》として光を見、無量光仏を目の前に仰いだ（柳宗悦『因幡の源左』）。

源左は牛が草を背おう姿に他力の救いをみたのであった。

聖覚の説法（『法然上人絵伝』，京都市，知恩院蔵）

❖『唯信鈔』の書写

東国から京都に帰った親鸞は、十数年の間は『教行信証』の補足につとめ、結局三〇年ほどを本書のためについやしたことになる。その間、寛喜二年（一二三〇）五八歳のとき『唯信鈔《ゆいしんしょう》』を書写している。この本は、比叡山においても、また法然門下でも同じく親鸞の先輩にあたり、親鸞と親交のあった聖覚《しょうかく》が承久《じょうきゅう》三年（一二二一）に著わしたもので、念仏往生には信心が肝要なことを説いている。

親鸞はその後、数回にわたって、この本を書写し、門弟にあたえている。しかも建長二年（一二五〇）には、この本を註釈した『唯信鈔文意《ゆいしんしょうもんい》』をつくり、これも何度か書写し、訂正を加えている。同様に隆寛《りゅうかん》の著わした『一念多念分別事《いちねんたねんふんべつじ》』を書写し、かつその註釈書『一念多念文意』をつくっている。『一念多念分別事』は、一声の念仏で往生できるか、念仏を多く称え往生するかという、当時、法然教団における一念・多念の論争についてのべたも

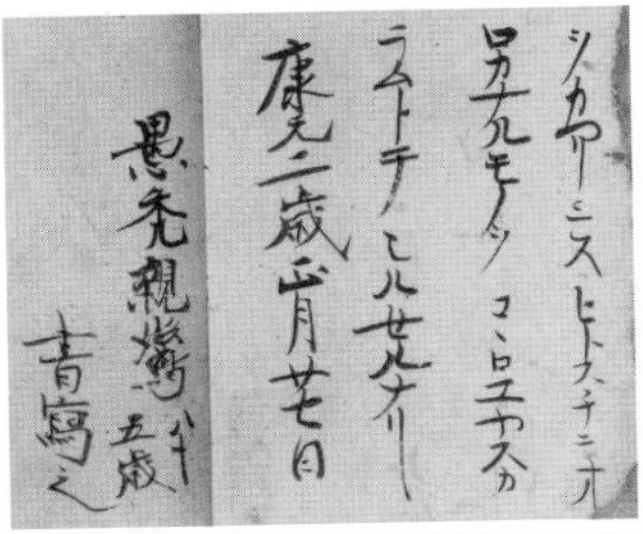

『唯信鈔文意』（三重県津市，専修寺蔵）

ので、法然のすすめる専修念仏は、一念・多念のいずれにもとらわれぬ念仏往生であることを明らかにしている。

親鸞は、この他に同じく隆寛の著といわれる『後世《ごせ》物語』『自力他力事』をも書写し、門弟にその味読をすすめている。

聖覚と隆寛は、法然門下の重鎮であって、法然の信任が特に篤《あつ》く、常に「吾が後に念仏往生の義、すぐにいはんずる人は、聖覚と隆寛となり」（『明義進行集』）といっていたという。親鸞も両先輩には大いに敬意をはらい、前述のようにその著書を書写あるいは解釈書をあらわすとともに、門弟に宛てた手紙の中に、「ただ詮ずるところは、唯信鈔・後世物語・自力他力、この御文どもよくよくつねにみて、その御こころにたがへずおはしますべし」としるし、念仏門の真髄《しんずい》をのべた書として大いに推奨している。しかもこれら書物は、いずれも和文で書かれており、『選択集』や『教行信証』が難解な漢文のため、これを理解できる門弟は少なく、田舎の無知の者にも分りやすい聖教をとの親鸞の配慮によるものであった。

これについて、『唯信鈔文意』のなかに、「ゐなかのひとびとの、文字のこころもしらず、あさましき愚痴《ぐち》きはまりなきゆへに、やすくこころえさせむとて、おなじきことを、たびたびとりかへし、とりかへしかきつけたり。こころあらむひとは、おかしくおもふべし。あざけりをなすべし。しかれども、おほかたのそしりをかへりみず、ひとすぢに、おろかなるものを、こころえやすからむとて、しるせるなり」と、田舎の人たちのため、仏法を和文でもって、何度も何度もくりかえし説きあかしたのだといっている。

❖和讃《わさん》の撰述

一般の人に親まれ、かつわかりやすいのは「うた」である。「うた」、すなわち和讃によって、親鸞は教えをつたえようと試みた。和讃という言葉は、和語讃詠《わごさんえい》の略で、漢文の経釈の意味を日本語の「うた」でわかりやすく説いたものである。そのため、字数や句数もそろえ、言葉をととのえ、うたいやすいように作っている。和讃は、平安時代には、良源の作ったとつたえる『本覚讃』、千観の『極楽国弥陀和讃』、源信の作ったという『極楽六時讃』などがある。鎌倉時代にはいるとさらに普及することになった。この和讃の一部から発達したのが今様《いまよう》である。今様を歌いながら、男装の美女が舞うのが白拍子《しらびょうし》である。後白河上皇がその当時流行していたうたを集めた『梁塵秘抄《りょうじんひしょう》』につぎのような今様がみえる。

あそびせんとや　生まれけん
たはぶれせんとや　生まれけん
あそぶ子どもの　声聞けば

我が身さへこそ　ゆるがるれ

七五調の句を四行つらねた今様は、その哀調をおびた節まわしと、人の心をうつ言葉によって、民衆にひろく親しまれ、喜びにつけ悲しみにつけ口ずさまれるようになった。

親鸞もまた折にふれて念仏のよろこびをうたいあげていたが、その心情をひろく同信者にわかち合い、かつ無学の人びとにもうたを通じて浄土の教えを理解してもらおうとして和讃の編著にとりかかったものと想像される。宝治《ほうじ》二年（一二四八）七六歳のとき、まず『浄土和讃』と『浄土高僧和讃』とを脱稿したが、これは親鸞がそれまでに詠んでいた和讃を整理したものであろう。その一〇年後の正嘉《しょうか》のころには『正像末和讃』をまとめた。以上の三本を『三帖和讃』と称する。『正像末和讃』よりやや前の建長七年（一二五五）には『皇太子聖徳奉讃』つづいて翌々年に『大日本国粟散王《ぞくさんおう》聖徳太子奉讃』を撰述した。

『浄土和讃』一〇八首は、阿弥陀仏の徳をほめたたえた内容でみたされている。『浄土高僧和讃』一一七首には竜樹《りゅうじゅ》一〇首・天親一〇首・曇鸞三四首・道綽《どうしゃく》七首・善導二六首・源信一〇首・法然二〇首のうたによって、浄土の教を宣布した、インド・中国・日本の高僧をたたえている。高僧のなかでも、とくに曇鸞・善導・法然についての和讃数が多く、親鸞がこの三人を

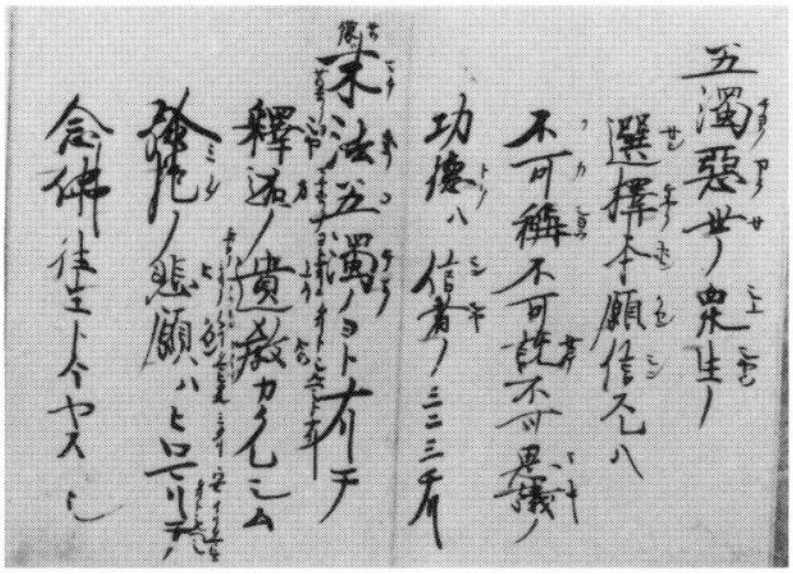

『浄土和讃』（三重県津市，専修寺蔵）

重視したことが知られる。

『正像末和讃』とは、正像末の三時代にわたる弥陀如来和讃との意味で、釈迦の滅後、次第にその教えと行と悟りの失われていくなかにおいて、阿弥陀仏の本願だけは、三時代を通じて人びとに真実のさとりをあたえるものであることをうたいあげたものである。『正像末和讃』の親鸞真筆の草稿本には四〇首を収載しているが、顕智の書写したものには五八首ある。この和讃のあとに『愚禿悲歎述懐和讃』三三首がつけられている。これは、仏の知慧をうたがう者は、真実の浄土には生まれないことを説いたうた二二首と、

浄土真宗に帰すれども
　真実の心はありがたし
　虚仮《こけ》不実《ふじつ》のわが身にて
　清浄の心もさらになし
悪性《あくしょう》さらにやめがたし
　こころは蛇蝎《じゃかつ》のごとくなり
　修善《しゅぜん》も雑毒《ぞうどく》なるゆへに
　虚仮《こけ》の行《ぎょう》とぞなづけたる

というような親鸞自身の生活の内省と法のよろこびを詠んだもの六首、仏教界の頽廃を歎い

たもの五首とから成っている。

『皇太子聖徳奉讃』七五首、『大日本国粟散王聖徳太子奉讃』一〇四首、いずれも聖徳太子の遺徳をたたえたもので、前者は八三歳、後者は八五歳のとき著わした。

親鸞の和讃には、漢字にはその右側に読み仮名がつけられ、左にその意味を書きそえている。(これを左訓という)。さらに漢字のひとつひとつにその発音法を示す符号の圏発《けんぱつ》が記入されている。漢字の韻《いん》を平聲《へいしょう》・上聲《じょうしょう》・去聲《きょしょう》・入聲《にゅうしょう》の四聲の発音に分け、正方形の四隅に圏点《けんてん》を記してこれを示す方法が用いられる。すなわち□を平聲、□を上聲、□を去聲、□を入聲の符号とする。さらに四聲には清・濁の符号があるが、親鸞の和讃には、清音符は丸い点、濁音符は横棒の一の字形を朱でもってつけている。こうしてその発音法を細かく指示しており、これら和讃が実際に念仏者たちによって声高らかにうたわれていたことが知られる。

異端の歎き

❖造悪無碍《ぞうあくむげ》

法然が元久元年（一二〇四）に門弟に下した七か条制戒の第四条に、専修念仏者は戒行を修さなくとも浄土往生にはさしつかえないからといって、飲酒・肉食をすすめたり、戒行を保つ者を雑行人《ぞうぎょうにん》と見下してはならない。また弥陀の本願を信ずる者は、罪を犯してもおそれることはないと説いてはいけないとのべている。これは、いわゆる造悪無碍の異説をいましめたものである。しかし、造悪無碍の考えをもつ念仏者は、その後もあとをたたず、既成教団から非難され、朝廷や幕府の弾圧をうける原因ともなっている。

親鸞の門弟にもまたそうした考えをいだき悪をおそれぬ行為をする者がおり、建長四年（一二五二）ごろの親鸞の手紙に、

なによりも聖教のをしへをもしらず、また浄土宗のまことをもしらずして、不可思議の放逸無慚《ほういつむざん》のものどものなかに、悪はおもふさまにふるまふべしとおほせられてさふらふな

るこそ、かへすがへすあるべくもさふらはず。

とのべ、浄土真宗の真実の教えを理解しないで、悪いことをしても阿弥陀仏は助けてくださるのだからといって、悪いことをしてもよいというのは誤った考えであると、造悪無碍をいましめている。これは常陸国の鹿島・行方《なめかた》の門弟たちに対して出された手紙であるが、当時この地方で造悪無碍の異端をすすめていたのは信見という僧であった。同じく建長四年二月二四日の手紙に「浄土の教えもしらぬ信見房などがまうすことによりて、ひがさまにいよいよなりあはせたまひさふらふらんをききさふらふこそ、あさましくさふらへ」と、信見の異説を信じて、正しい信仰からはずれる人が常陸の念仏者のなかにいることを歎いている。そして、念仏をとなえれば、あらゆる罪障が消滅するからといって、悪いことをしてもよいと考えるのは、毒を消す良薬があるから、毒をのんでもよいというのと同じであると、強く批判している。引きつづいてこの手紙には、このころ正しい念仏生活を送った末、めでたく往生した明法房の名をあげて、彼をほめたたえている。明法房というのは、かって親鸞が東国伝道中、板敷山で親鸞を襲撃しようとした山伏弁円である。

❖専修賢善《せんじゅけんぜん》

親鸞が帰京してのちの東国では、この造悪無碍と並んで、専修賢善という異端が行なわれて

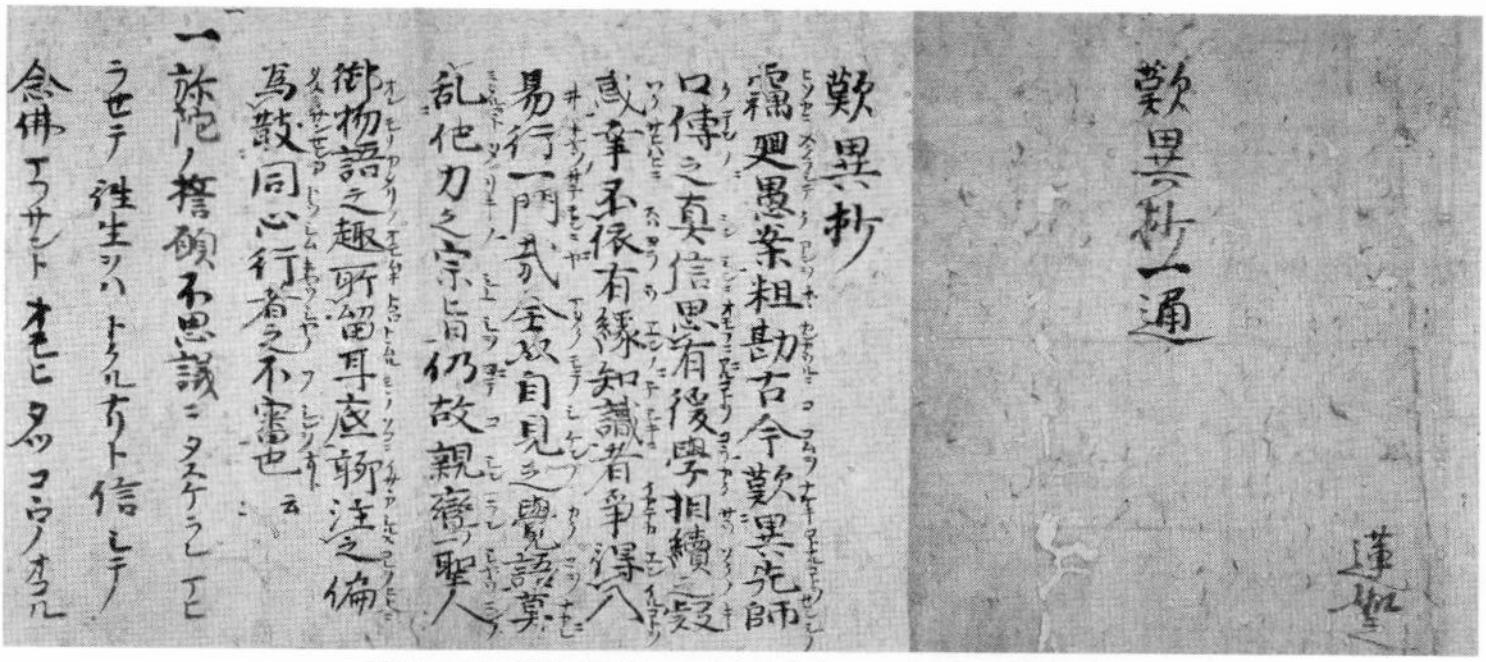
歎異抄一通
蓮如
歎異抄
竊廻愚案粗勘古今歎異先師口傳之真信思有後學相續之疑惑幸不依有緣知識者争得入易行一門哉全以自見之覺語莫亂他力之宗旨仍故親鸞聖人御物語之趣所留耳底聊注之偏為散同心行者之不審也 云々
一弥陀ノ誓願不思議ニタスケラレマヒラセテ往生ヲハトクルナリト信シテ念佛マフサントオモヒタツコヽロノオコル

蓮如写『歎異抄』（京都市，西本願寺蔵）

いた。もっぱら賢善を修するという、専修賢善の異端者はつぎのように考えた。元来、親鸞の教えは念仏以外の戒行を否定し、もっぱら念仏を修することによって救われる道であった。しかし、このただ念仏だけに満足せず、善い行をして念仏のたすけとしようと考えたり、念仏を多くとなえて、その功徳《くどく》によって浄土に生まれることを願うというのであった。こうした専修賢善について『歎異抄』には次のようにいっている。

くちには願力をたのみたてまつるとい（云）ひて、こころにはさここそ悪人をたすけんといふ願、不思議にましますといふとも、さすが、よからんものをこそ、たすけたまはんずれとおもふほどに、願力をうたがひ、他力をたのみまいらするこころかけて、辺地の生をうけんこと、もとも（最）なげきおもひたまふべきことなり。信心さだまりなば、往生は弥陀にはからはれまいらせてすることなれば、わが（我）はからひなるべからず。わろ（悪）からんにつけても、いよいよ願力をあをぎまいらせば、自然のことはりにて、柔和《にゅうわ》・忍辱のこころもいでくべし。すべてよろづのことにつけて、往生にはかしこきおもひを具せずして、ただほれぼれと弥陀の御恩の深重なること、つねにおもひいだしまいらすべし。しかれば念仏もまう（申）されさふらふ（候）。

❖善鸞《ぜんらん》事件

専修賢善の異端は、べつに社会に害悪をあたえるおそれはなく、信仰上の問題であったので、念仏集団の内部で処理することができた。しかし造悪無碍者には、悪の容認、諸神諸仏の否定という、反社会的な行動があり、政治支配者や他宗教団体から、とくに強い排斥があった。親鸞の去ったのちの東国の念仏集団は、造悪無碍・専修賢善と正統念仏者との三つのグループが、うずをまいて争うことになった。そこで親鸞は息男の善鸞を異端説得のため東国に派遣した。しかし善鸞の説得工作は容易に功を奏さなかった。このころ東国の念仏集団は、真仏・性信を中心とする正統派と、信見などの異端のグループが互いに勢力をきそい、善鸞がはいりこんで、その指導力を発揮する余地はなかったようである。

ともかく善鸞は、はじめは異端のなかでも、とくに造悪無碍の人たちを対象に説得をつづけるうち、造悪無碍とは反対の立場にある専修賢善を採用したと考えられる。専修賢善者は政治権力と結託し得る体質をもっていたので、善鸞はやがて領家《りょうけ》・地頭《じとう》・名主《みょうしゅ》などと結んで、造悪

性信の遺跡・報恩寺（茨城県常総市，報恩寺写真提供）

無碍者はもちろん、正しい念仏者までも弾圧しようとした。地頭・名主などの多くは、従来、造悪を理由に念仏弾圧の姿勢をとっていたので、善鸞はこれを利用して、東国教団における自己の指導的地位の獲得をねらったようである。

善鸞は東国の念仏者たちに、第十八願は「しぼめる花」であるから、捨てるべきであると説いた。それは造悪無碍の考えは、第十八願によるものと誤解したからである。すなわち第十八願は、至心信楽（ただ信心）をもって浄土に往生する要因としており、道徳的・宗教的な善行を否定するものとみられ、造悪無碍の異端を生んだと考えられていた。善鸞は、道徳が守れないのは、真実の信心がない証拠である。弥陀の本願を信じて、ただ念仏するだけでなく、悪を廃し善を行なわなくては真の念仏者とはいえない、という専修賢善を説いたようである。そして善鸞は、この教えは自分ひとりだけが、親鸞から夜ひそかに伝授をうけたもので、これが本当に親鸞の真意であるといって、自説をひろめた。これによって、常陸国大部《おおぶ》の中太郎の門徒九〇余人をはじめ、多くの念仏者が善鸞に共鳴し、東国の念仏集団は大動揺をきたした。

❖念仏弾圧

性信・真仏・入信・真浄・法信などの正統派念仏者は、このような善鸞の動きを黙視することはできなかった。建長七年（一二五五）ごろ両者の対立は激化の一途をたどり、善鸞は親鸞にたいし性信たちを悪しざまに告げるとともに、鎌倉幕府や在地権力者に正統派念仏者の弾圧を要請した。

やがて領家・地頭・名主による念仏弾圧がはじまり、親鸞のもとに東国門弟からこのことが報告された。親鸞からは、弾圧にたいし、念仏者のとるべき態度が指示されたが、建長七年九月二日の手紙にはつぎのような内容が記されている。

領家・地頭らが念仏を弾圧するのは、造悪無碍的な行動によるから、まず第一に諸神・諸仏を軽侮《けいぶ》するような言動をつつしむことである。というのは、永いあいだ無数の仏たちのおみちびきによって、いろいろと善をつみ修行をしたけれども、自力では悟りを開くことができなかった。そこでまた諸仏のすすめによって、いま阿弥陀仏の本願を知らされ救いにあうことができた。このように自分たちが弥陀に救われたのは、諸仏・菩薩の深い御恩によるものである。また仏法を深く信ずる人を、よろずの神は、影の形によりそうように、たえずよりそって守ってくださっているから、念仏を信ずる者は、神を否定するような行為があってはならない。諸仏をおろそかにするのは、念仏を信ぜず弥陀の御名をとなえぬ人のすることであると。
念仏者は、諸神・諸仏を大切にすべきことを説き、ついで、在地権力者の念仏者弾圧についてつぎのようにのべている。

虚偽のいいがかりをこしらえ、とんでもないことを機会ととらえて、念仏者におしつけ、念仏を禁止しようとする村々の領家・地頭・名主の処置は、それは理由のあることである。というのは、釈迦如来の御言葉に、念仏する人をそしる者をば、「眼なし人」「耳なし人」といっている。善導和尚は「五濁増の時、疑い謗《そし》るもの多く、道俗相嫌《あいきらい》て聞くを用いず。修行するものあるを見れば瞋毒《しんどく》を起こし、これを破壊して競《きそ》いて怨を生ず」とはっきり説いている。この世の常として、念仏をさまたげるのは、村々の領家・地頭・名主であり、それもいま申したような理由のあることであるから、とかくいうべきことではない。念仏する人びとは、念仏をさまたげる人たちにかえってあわれみをかけ、ふびんに思い、念仏をねんごろに申して、念仏をさまたげる人をば救うように心がくべきであると、昔の人はいっている。よくよくこのことについてお考えくださいと。

親鸞は念仏を弾圧する地頭・名主たちの行為は、釈迦や善導の言葉にもあるよう、末世に起こる当然の現象であるから、彼等を怨むことなく、ふびんな人間であるとあわれみをかけてやり、彼等のために念仏をねんごろに申し、それによって彼等が弥陀の本願のいわれをききわけ、

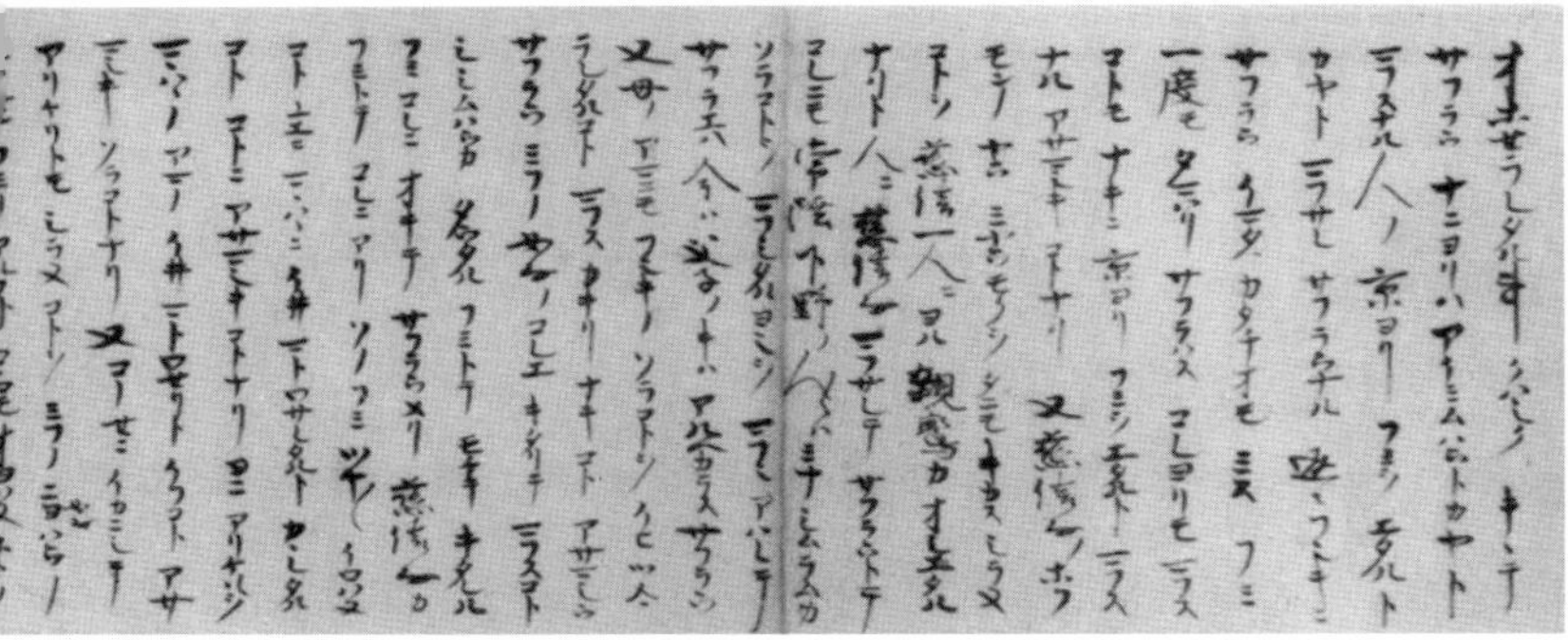

善鸞義絶状（三重県津市，専修寺蔵）

救われるようにしてやるべきであるとしている。

ついで念仏弾圧の原因となっている造悪無碍に言及し「念仏する人が、弥陀の本願は煩悩をたち切れない人間のためであると信ずるのは結構なことである。しかし、弥陀の本願は悪人のためであるからといって、ことさら悪いことを考えてみたり、身にも口にも悪事を現わすようなことは、浄土宗の教えではないので、自分もそうしたことを申したことはない。だいたいわれわれは煩悩をすてきれないような人間であるから、いつも心を正しく保つ能力はないが、弥陀の救いによって、必ず極楽に往生できるということを、師匠も善知識も申している。自分たちは本来そうしたよくない人間であるのに、それがことさらに悪いことをしようとすると、他の念仏者たちの迷惑になり、師や善知識をば、罪科におとし入れるようなもので、そうしたことは、決してしてはいけないことである。あい難い弥陀の本願にあい、救われる身となったからには、仏の御恩に報いるように心がけるべきであるのに、念仏を禁止されるような事態を招くことは、まったく理解に苦しむところである。あさましいことであ

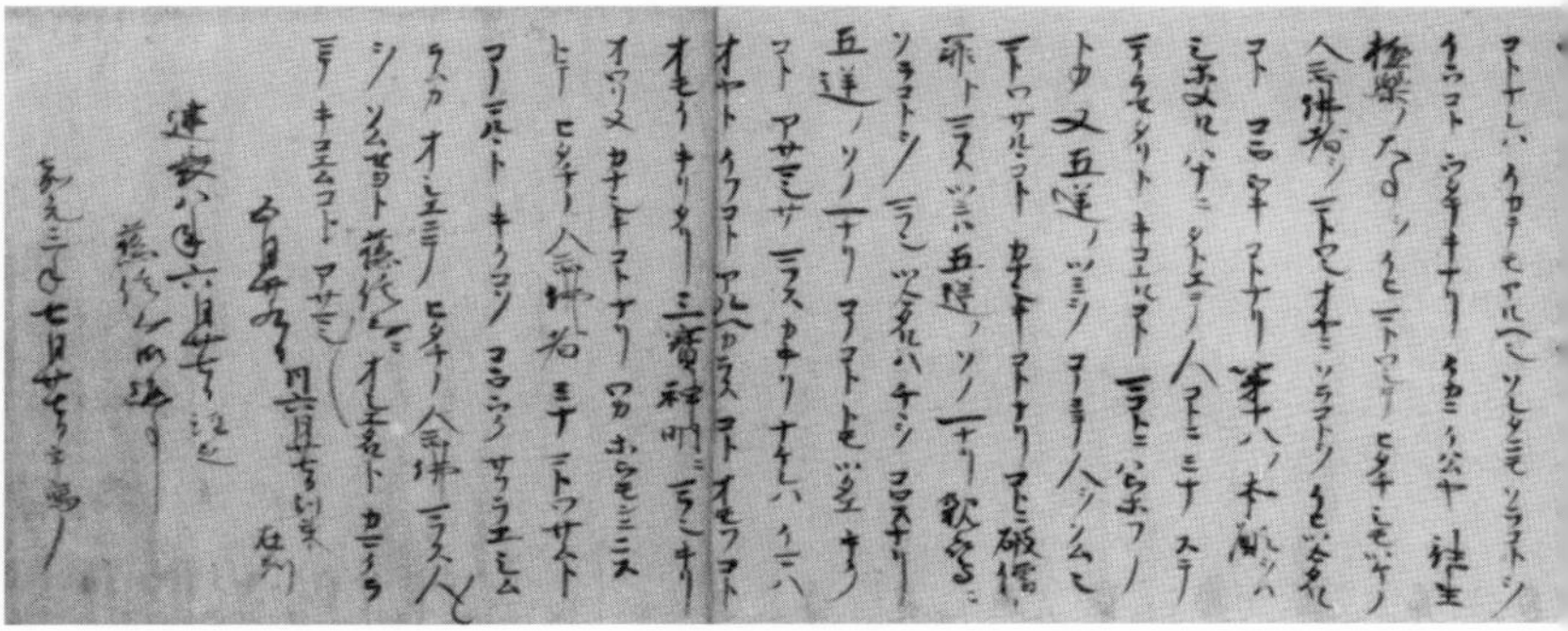

る」といっている。

❖善鸞の義絶

この手紙を書いた建長七年秋には、親鸞は東国の念仏弾圧が単に造悪無碍によるものと考え、その実情を理解していなかった。やがてそれが善鸞の策動によるものであるという、事の真相を知るに及んで、がくぜんとした。それまで親鸞は、善鸞の言葉を信じて、性《しょう》信《しん》たちに不審の思いをいだいていたのが、意外にもわが子善鸞が邪心をいだいていたことを知った。親鸞は建長八年（一二五六）五月二九日付の手紙に「いまは親ということあるべからず。子と思うことおもいきりたり。三宝・神明に申しきり終りぬ。悲しきことなり。わが法門ににずとて、常陸の念仏者みなまどわさむと、このまるるときくこそ、心うくさふらへ」と申しおくり、善鸞と親子の縁を切ったのであった。

善鸞との間は、義絶することによって処理できたが、東国の念仏者にあたえた悪影響の除去、および政治権力者の念仏弾圧への対処

性信（茨城県常総市，報恩寺蔵）

という問題が残っていた。

親鸞は、幕府に訴えられた性信たち正統派を支持し、弾圧の嵐を切りぬけようとした。弾圧がはじまったとき、親鸞は門弟たちにたいし、念仏者自身が造悪無碍に走らず身をつつしむよう指示するとともに、念仏者を弾圧する地頭・名主などを、憎まず、むしろ憐れみをかけ、彼等を念仏によって救ってやるべきであるといった。しかしその後、弾圧はますます厳しくなり、康元《こうげん》二年（一二五七）のはじめには、それが最高潮に達し、東国の念仏者たちは、身のおきどころもないような状態に立ち至ったようである。同年正月九日付の真浄房への手紙に、親鸞はつぎのような内容をしるして送っている。

念仏のことについて、身のおきどころもない状態になったとのこと、ほんとうにお気の毒なことです。結局、その地は念仏に縁がなかったということになるのでしょう。念仏がさまたげられることを、そう歎かなくてもよろしい。念仏を禁止する人こそ、どうかなってしまうでしょう。念仏を申す人のほうが、苦しく思うことはありません。地頭・名主などと妥協して、念仏をひろめようというようなお計らいは、決して考えてはいけません。その地に念仏が弘まるということも、すべて仏のお計らいによるものです。慈信房(善鸞)がいろいろなことをいって、人びとの心がまちまちになり、騒ぎをひきおこしていることは、聞きおよんでいます。まことに残念なことです。ともかく仏のお計らいにまかすべきであります。その地での縁がつきて、どうにもならないようでしたら、何処か別のところに移るよう計画しなさい。慈信房のいうことを頼みにして、今後は、地頭・名主と強く結んで念仏を弘めようなどということを、考えてはいけません。自分も決してそのようなことを申したことはありません。この世の常として、念仏をさまたげる者が出てくるということは、かねて仏説にもあるところですから、驚く必要はありません。いろいろなことを慈信房がこれからのちも申すでしょうが、それを聞きいれる必要は決してありませんと。

以上のように親鸞は、東国の念仏者が、在地権力者と妥協して、専修賢善的な念仏を維持するよりも、村をすてても真実他力の念仏に生きることをすすめている。念仏の純粋性をけがそうとする者への親鸞の強い姿勢をみることができる。

❖呪術への傾斜

他力念仏の純粋性を保持しようとする親鸞の願いは、性信など正統派によって守られ、政治権力の禁圧もやがて解かれるに至った。一方、義絶された善鸞は「巫女《ふじょ》の輩《やから》に交て、仏法修行の儀にはずれ、外道尼乾子《げどうにけんし》の様におはし」(『慕帰絵《ぼきえ》』)たと、次第に親鸞の念仏からはずれて、呪術へとおちていったようである。

念仏には、真実をただしくみきわめていこうとする宗教的念仏と、マジカルな効果を期待する呪術的念仏とがある。呪術的念仏には、死者の霊魂を慰め怨霊《おんりょう》をしずめる鎮魂の大念仏・六斎念仏・百万遍念仏など、また農耕儀礼と結びつき、祖先の霊を供養し豊作を願う、日待《ひまち》念仏・彼岸念仏・天道念仏がある。さらに念仏踊り、念仏狂言《きょうげん》のように芸能を通じてのものもある。こうした呪術的効能を求め、あるいは呪術を媒介にして念仏を説く非理性的念仏のほうを、理性的念仏よりも、より共感をもって迎えるものもあった。

もともと親鸞は、源信や法然のなかにある理性的念仏の部分をさらに止揚《しよう》して、純粋の宗教的念仏にたかめたが、その親鸞の念仏をうけつぐ人びとのなかに、再び呪術的なとらえ方をしようとする傾向が出てきた。

善鸞の念仏が親鸞によって否定されながら、なお少なからざる人びとの支持をうけたのは、呪術を断ち切ることのできぬ民衆の所在を示すものといえよう。

善鸞の呪術的行為を物語るつぎのような事柄が、覚如《かくにょ》の伝記絵巻である『慕帰絵』にしるされている。

覚如が大叔父に当たる善鸞に相模国でたまたま出会ったとき、ちょうど覚如は腹痛で苦しんでいた。それをみた善鸞は、腹痛によく効くのだといって呪符《じゅふ》（お札）をとりだし、覚如にそれを飲むようにいって手渡した。覚如は心中に、とんでもないことをしてくれるものだとは思ったが、それを拒否しては善鸞が気を悪くすると考え、呪符を受けとったけれども、呪符を飲んだふりをして、それを投げすてた。ところが、善鸞にそれを見つかって、これ以後、善鸞と覚如は仲たがいをしたというのである。

貞和《じょうわ》二年（一三四六）に覚如が作ったといわれる十三か条の掟に、「御流の門徒のなかに、念仏をもて一切の病者をいのる条、当時諸方に遍布せしむ」と、このころ親鸞の教えをうけつぐ念仏者のなかに、念仏でもって病気を治そうと祈禱をする者が、あちこちにいるとあり、真宗念仏者のなかに呪術へ傾斜するものがいたことを示している。

❖秘事法門

善鸞の教えは、親鸞から夜中にただ一人ひそかに真実の法門の伝授をうけたものであるといって、東国の念仏者を説いた。しかし親鸞はそのような事実はないと強く否定し、善鸞の教えを異端ときめつけた。にもかかわらず、善鸞秘伝のことは、一部の人たちに、秘事法門あるいは夜中秘事・土蔵秘事・かくし念仏として中世から近世、さらに現代へと伝えられた。秘事法門は各地にみられ、中世には北陸地方でも盛行したようで、蓮如《れんにょ》の御文《おふみ》に「越前の国にひろまるところの秘事法門といへることは、さらに仏法にてはなし、あさましき外道《げどう》の法なり。これを信ずるものは、ながく無間地獄《むげんじごく》にしずむべき業《ごう》にて、いたづらごとなり」とある。近世以降は、とくに東北地方で盛んとなっている。

その法門の系譜は、善鸞に限らず、親鸞から常陸国那珂《なか》の平太郎に伝わったもの、本願寺蓮如から京都の鍵屋に伝えられ、さらにそれが東北に流伝したものなどがある。善鸞・平太郎・蓮如を祖にいただき、伝承の系譜をたてる秘事にたいし、個人の創意による秘事もみられる。

江戸時代に秘事法門は異端として禁圧されたが、西本願寺において秘事として処理された主な事件は、寛文《かんぶん》三年（一六六三）紀伊《きい》国（和歌山県）黒江の作太夫が十劫秘事《じっこうひじ》を説いて追放に処されている。正徳《しょうとく》年間（一七一一―一六）には、美濃国加納《かのう》の玄竜寺を中心に秘事が流行し、東西本願寺の手によって処理された。宝暦《ほうれき》四年（一七五四）には仙台藩水沢の秘事の徒が藩主によって処刑され、翌五年に京都鍵屋の秘事、寛政六年（一七九四）にも京都・大坂で秘事が発覚し、それぞれ所司代によって処罰された。

水沢・京都の秘事は、いずれも土蔵秘事といわれるもので、現在、東北地方に行なわれている「かくし念仏」もこの系流をくむものが多い。宝暦と寛政の京都の秘事は、その一件調書の中に、秘事仲間に潜入して探索した僧尼の報告書があり、これによって儀式などの内容がわかるが、現に東北地方に行なわれている「かくし念仏」の儀式と同じである。たとえば秘事の最も重要な儀式に「おとりあげ」と称する入信の式があるが、それはつぎのような形で行なわれている。

その仕方たるや、先ずその場所を、信者のなかにて出入少なき家の座敷へ設け（これ他見、他聞をはばかるゆえなり）、その場の正面（床の間）に六字の名号をかけ、その下に又それぞれの仏具を取かざり、その前に善知識一人、御脇と称するもの（善知識の高弟なり）一人が座を占め、その前に此法を受くる人をならび居らしめ、又その法を受くるものの父母なり、或は同行の信者を後に座せしむ。しかしてその法を授るの仕方は、初め法を受くるの人びとを伏させ、南無阿弥陀仏、南無阿弥陀仏と一呼吸の間に幾遍となく続け唱へさせ、かくすることおよそ三〇分ばかりにして、これを止め、それに引つづきタスケタマヘタスケタマヘと前同様に唱えしむ。これまた三〇分くらいにして終わり、つぎは一人ずつ仏前に進ませ、両手を心にして腹にあて、きびしくしめさせ、一呼吸の間にタスケタマヘタスケタマヘと気つきて絶んほどまでに唱へしむ。（この時、弥陀の光明、来りて信者の口より入るというなり）。ここにおいて知識、眼をそそぎてその様子をみはからい、お助けと声かけ、もってその事を止めしむ、これにて受法の終わりしものなり（橘正三「隠念仏巡回記」）。

以上のような形式で、入信の儀式を極秘裏にとり行なう以外に、行事の点については正統派真宗との相違はあまりみられない。ただここで重要なことは、念仏がマジカルな儀式を通じて信者に手渡されていることで、これは親鸞の説く念仏とは、まったく異質のものであるといわねばならない。

Ⅳ

美の超越

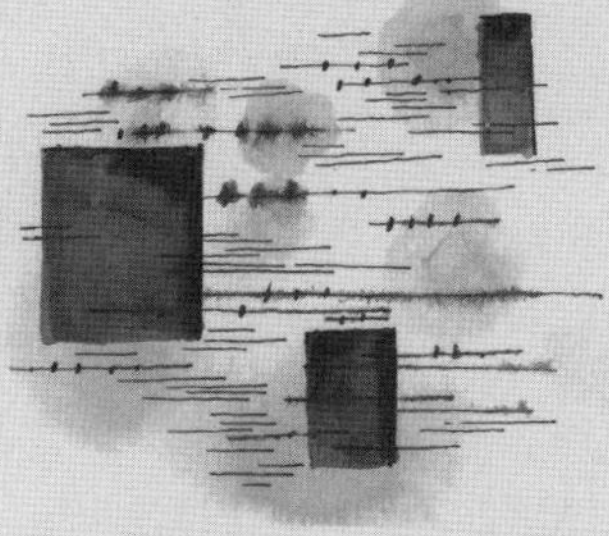

自然法爾《じねんほうに》

❖帰洛後の動静

親鸞は六二歳のころ妻恵信や子供たちを伴って京都に帰った。京都での生活は、一家団らんの平安な時を過ごすわけにはいかなかった。というのは、当時なお念仏者にたいする世情は厳しいものがあった。親鸞が流罪になった承元《じょうげん》元年（一二〇七）以後も専修念仏者にたいする圧迫は好転していなかった。親鸞五二歳の元仁元年（一二二四）に念仏禁止の法令が出たが、さらに三年後の嘉禄三年（一二二七）には、大弾圧が加えられた。このとき比叡山の大衆《だいしゅ》は、法然の墓が念仏者の拠点になっているとして、これを破壊し遺骸《いがい》を加茂川にすてようとした。この企ては、何とか防ぐことができたが、隆寛・幸西など法然の高弟たちは遠流《おんる》に処された。その後、天福《てんぷく》二年（一二三四）にも念仏者が洛外追放や遠流になり、文暦二年（一二三五）には鎌倉幕府が念仏者の取り締まりを朝廷に申請している。親鸞の帰洛は、ちょうどこの天福・文暦の念仏者弾圧の行なわれていた時期で、法然門下の念仏者の一人として、親鸞にとってかな

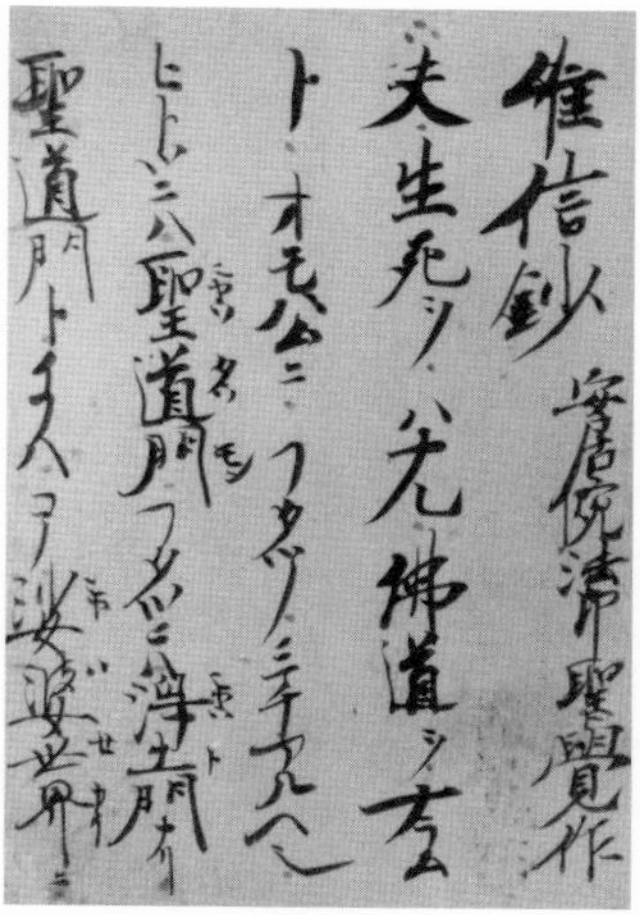

『唯信鈔』（三重県津市，専修寺蔵）

り険悪な状況にあったといえよう。したがって東国におけるような積極的布教をするには困難で、著述を通じて伝道につとめている。

帰洛後の一〇年間は『教行信証』の完成に力をそそいだ。またこの間に、聖覚の『唯信鈔』をしばしば書写して門弟にあたえ、七八歳のとき『唯信鈔文意』を著わした。この本のはじめにつぎのようにのべている。

　『唯信鈔《ゆいしんしょう》』とい（云）ふは、唯はただこのひとつといふ、ふたつならぶことをきらふことばなり、また唯はひとりといふこころなり。信はうたがひなきこころなり、すなわちこれ真実の信心なり、虚仮《こけ》はなれたるこころなり、虚《こ》はむなしさといふ、仮《け》はかりなりといふことなり、虚は実《じつ》ならぬをいふ、仮は真ならぬをいふなり、本願他力をたのみて自力をはなれたる、これを「唯信」といふ。鈔はすぐれたることをぬきいだしあつむることばなり。このゆへに『唯信鈔』といふなり。また唯心はこれこの他力の信心のほかに餘のことならはずとなり、すなわち本弘誓願なるがゆへなればなり。

ただ信心ひとつで救われていく道を示しているが、『教行信証』においても信巻がその眼目となっているこ

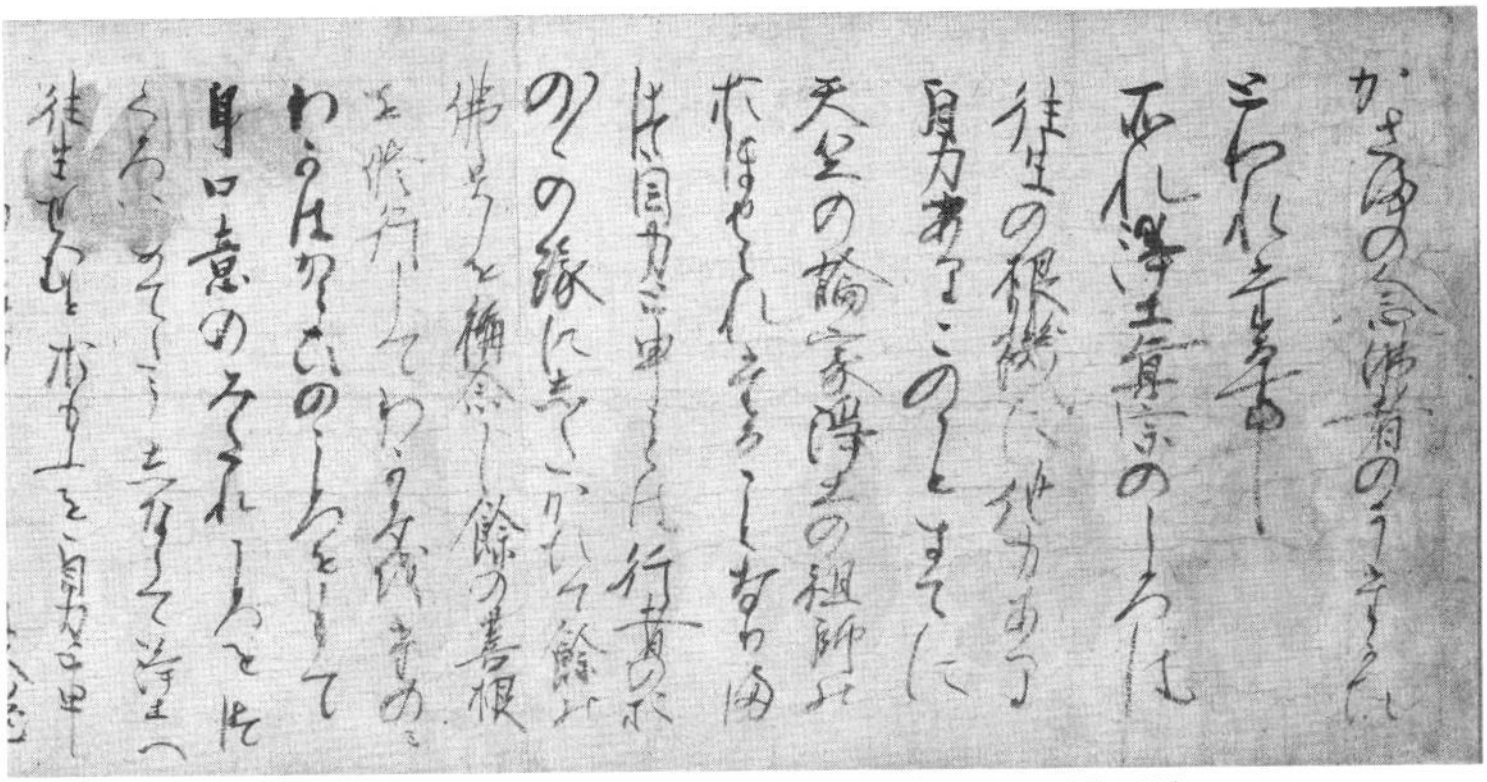
親鸞書状（京都市，真宗大谷派［東本願寺］蔵）

とによっても知られるように、親鸞は、弥陀の本願を信ずる「信の一念」に救済が確立することを強調する。

七〇歳代の後半から晩年八八歳までの一〇年間、とくに著述や聖教の書写が多く、門弟への書状もまた八〇歳以後に集中的に残っている。この著述や書状を通じて、親鸞の思想が次第に深まり円熟していった状況を知ることができる。

❖如来と等し

建仁元年二九歳のとき専修念仏に帰して以後、法然や聖覚の思想をうけつぎ、これを深化していった。とくに七八、九歳のころ、東国における念仏集団の思想的混乱・善鸞事件を契機に、さらにその思想は純化されることになった。

建長七年（一二五五）八三歳のとき、常陸国笠間の念仏者への手紙に「信心の人を、釈迦如来は、わが親しき友なり、と喜びまします。（中略）しかれば弥勒《みろく》仏と等しき人とのたまへり」と。また別の手紙に「まことの信心の人をば、諸仏と等しと申すなり。又、補処《ふしょ》の弥勒《みろく》とも同じとも申也。この世にて真実信心の人を守らせ給へばこそ、『阿弥陀経』には、十方恒沙《じっぽうごうじゃ》の諸仏護念《ごねん》すとは申事にて候へ。安楽浄土へ往生してのちは、守り給ふと申ことにて候はず。娑婆世界いたるほど護念すと申事也」とあって、ほんとうに弥陀の本願を信ずる人は如来や弥勒と同じ（如来等同《にょらいとうどう》・弥勒等同《みろくとうどう》）といっている。

和讃にも「念仏往生の願により、等正覚《とうしょうかく》にいたる人、すなわち弥勒におなじくて、大般涅槃《だいはんねはん》をさとるべし」とある。それでは、なぜ信心の人は如来・弥勒と同じであるかというに、同じく和讃に「信心よろこぶ其人を、如来とひとしと説きたまふ、大信心は仏性《ぶっしょう》なり、仏性即如来なり」とあって、信心は仏性であり、仏性は如来であるという。したがって、信心を得た念仏者は、この世で人間としての生活をするそのままの姿で、阿弥陀仏や弥勒菩薩と等しい地位を得ているのだという。親鸞がこうした心境に達するのは八〇歳以後のことである。

しかし、この「如来と等し」という親鸞の心境を、門弟のなかには十分に理解できないものがいたようである。それは、如来等同を真言宗などでいう即身成仏《そくしんじょうぶつ》と理解したのであった。即身成仏は、六波羅蜜などの自力の行を完全に実行した上に得られる悟りの境地で、その身そのままが仏になるというのであった。この聖道門の成仏にたいし、従来、浄土門では、この世で仏になることができないから、まず浄土に生まれ、それから仏になる修行をすると考えてきた。つまり浄土は仏になるための行をするに都合がよいのだと理解していた。そこで、これまでの浄土教の信者は、浄土へは生まれるが、仏になるということは思っていなかった。この点、親鸞は浄土に生まれることは、すなわち仏になることであった。信心の定まった念仏者は、阿弥陀仏の力によって、死と同時に浄土へ往生して仏になることができる地位（正定聚不退転《しょうじょうじゅ》の位）を得るので、それは仏と等しい地位であるという。

❖自然《じねん》のことわり

聖道と浄土、自力と他力ということについて、かつて親鸞自身、専修念仏にはいってのちも容易に自力から脱脚できず、読誦行を修する思いにかられたこともあった。親鸞の門弟にも、自力と他力の区別が十分でない人もいた。これについて『歎異抄』につぎのような意味のことが述べられている。

念仏者のなかに、浄土真宗の教えは、弥陀仏の本願を信ずることによってのみ救われ、しかも悪人をめあてとする教えであるとよく知っており、口では、ただ阿弥陀仏の救済力を信ずるばかりであるといいながら、心のなかではひそかに、悪人を助けるとはいっているけれども、やはり善いことをする人間のほうを、優先して助けてくれるのではと考え、阿弥陀仏の救いを疑うものがいる。しかし、そうした自分のはからいで、仏の救いの力をおしはかることは不必要である。仏の救いの力を信じたならば、あとは仏にまかせて救っていただくだけで、自分の

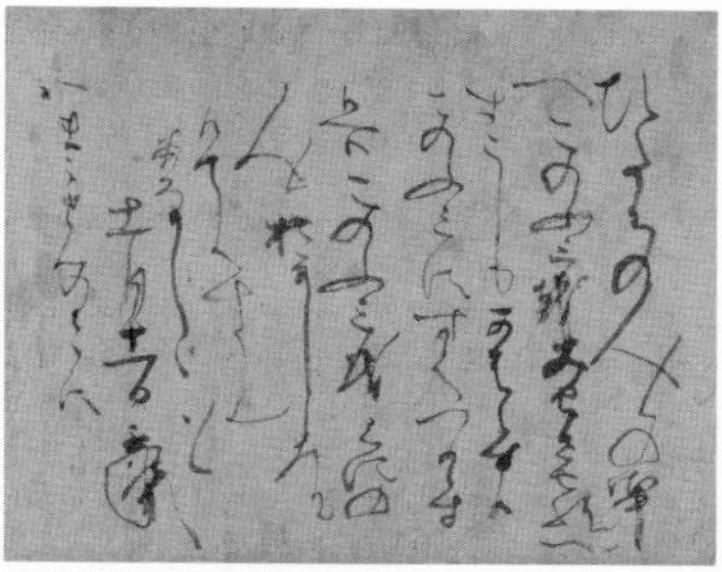
親鸞晩年の書状（京都市，西本願寺蔵）

はからいは何にもいらない。自分が悪人であるとわかれば、いよいよ阿弥陀仏を仰ぎ、うちまかせたなれば、自然のことわりにて、和らいだ心、物事をたえしのぶ心も出てくることであろう。すべて何事につけて、仏の救いについては、人間の浅はかな知恵でおしはかろうとせず、ただほれぼれと弥陀仏の御恩の深いことを、常に思うべきである。そうすれば、おのずから念仏が口をついて、でてくることであろう。これを自然《じねん》というのである。自分のはからい心をすてること、これを自然という、これすなわち他力であると。

右のように親鸞は『歎異抄』のなかでのべ、弥陀仏の救済力にうちまかせ、はからい心をすて去った、自然の念仏の生活をすすめている。こうした自然法爾《じねんほうに》の境に達するのも晩年のことである。正喜二年（一二五八）八六歳のとき、三条富小路の善法坊において、下野国高田の顕智にあたえた法語「獲得名号自然法爾御書《ぎゃくとくみょうごうじねんほうにごしょ》」のなかに自然法爾をつぎのように説明している。

自然《じねん》といふは、自《じ》は、おのづからといふ、行者《ぎょうじゃ》のはからひにあらず。然《ねん》といふは、しからしむといふ言葉なり。しからしむといふは、行者のはからひにあらず。如来の御誓いにてあるがゆえに。法爾《ほうに》といふは、この如来の御誓いにてあるがゆえに、しからしむるを法爾といふ。法爾は、この御誓いなりけるゆえに、すべて行者のはからひのなきをもて、この法の徳ゆえに、しからしむといふなり。すべて、人のはじめてはからはざるなり。このゆえに、他力には、義なきを義とすとしるべしとなり。自然といふは、もとよりしからしむといふ言葉なり。弥陀仏の御誓いの、もとより行者のはからひにあらずして、南無阿弥陀仏と頼ませ給ひて、迎へむと、はからはせ給ひけるによりて、行者の善からむとも、悪しからむとも思はぬを、自然とは申すぞと聞きて候。誓いのやうは、無上仏にならしめんと誓い給へるなり。無上仏と申すは、形もなくまします。形のましまさぬ故に、自然とは申すなり。形ましますと示す時には、無上涅槃とは申さず。形もましまさぬやうを知らせんとて、はじめて弥陀仏とぞ、ききならひて候。弥陀仏は、自然のやうを知らせむ料《れう》なり。この道理を心得つるのちには、この自然のことは、常に沙汰すべきにあらざるなり。常に自然を沙汰せば、義なきを義とすといふことは、なお義のあるになるべし。これは仏智の不思議にてあるなり。

❖恵信尼の帰越

親鸞と東国から京都に来た恵信尼は、二〇年ほど夫親鸞と暮したのち、故郷の越後に帰った。なぜ恵信尼が帰国したのか、その理由は明らかではない。所領や下人《げにん》を管理するためではなかったかともいわれている。恵信尼の手紙によると、越後で彼女は八人の下人をもっており、

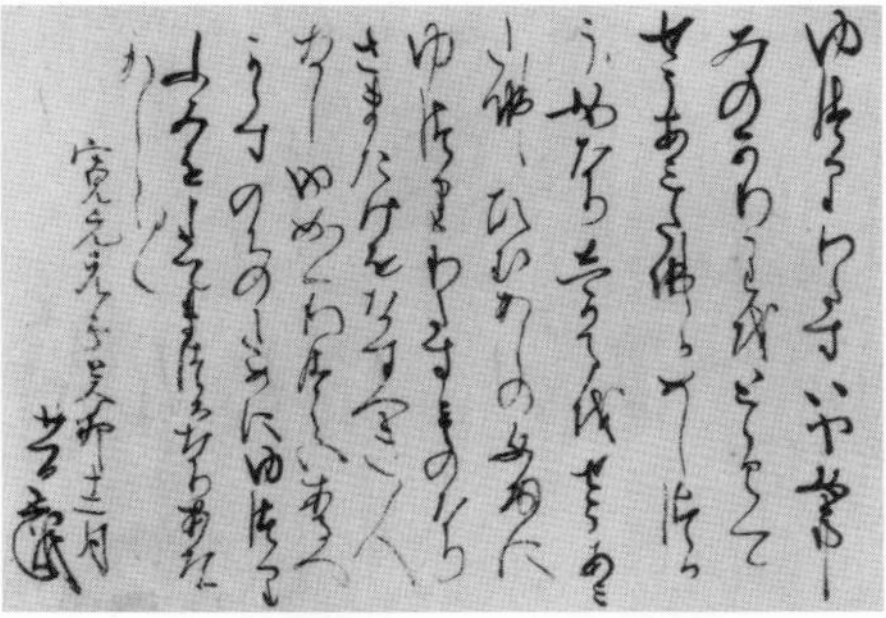
いや女譲状（京都市，西本願寺蔵）

越後へ帰るとき小黒女房《おぐろのにょうぼう》・信蓮房・益方入道《ますかたにゅうどう》を同伴しているので、ある程度の土地もあり、いわゆる在地領主的な生活を送っていたと考えられる。その土地は、たぶん父三善為教から譲られたものであったのだろう。

下人といえば、親鸞もまたかつていや女（弥女）という下人を召し使っていた。この弥女は、その後、照阿弥陀仏に仕えたが、さらに東女房《ひんがしのにょうぼう》に譲り渡され、その譲状に親鸞が承認の署名をした文書が現存する。

恵信尼が帰越したのち、親鸞の側近には、門弟の蓮位がいて世話をしていた。また東国の門弟も、しばしばおとずれ、晩年の親鸞をなぐさめていた。東国から門弟が上洛してくるときは、東国念仏者の志の金子《きんす》を持参し、親鸞の生活費にあてていたようである。親鸞の手紙に、送られた志の銭にたいする謝礼をのべたものがあるが、そのなかに、二〇〇文とか三〇〇文、あるいは五貫文・二〇貫文というのもみられる。一貫文（一〇〇〇文）は、だいたい米一石の値段であるので、二〇貫文といえば、かなりな高額であった。この志は、「念仏のすすめもの」といわれ、念仏者たちが少しずつだし合ったものである。

親鸞の示寂（『善信聖人絵』，京都市，西本願寺蔵）

❖親鸞の示寂《じじゃく》

親鸞は弘長《こうちょう》二年（一二六二）一一月下旬、三条富小路の善法坊で発病し、二八日未時《ひつじのとき》（午后二時）に九〇歳をもって死去した。このときの状況を『親鸞伝絵』にはつぎのように伝えている。

聖人、弘長二歳壬戌仲冬下旬の候より、聊《いささか》不例《ふれい》の気まします。自《それより》レ爾以来、口に世事を不レ交《まじえず》、ただ仏恩のふかき事をのぶ、聲《こえ》に余言を不レ呈《ていせず》、もはら称名たゆることなし。而《しかして》同第八日午《うまの》時、頭北面西右脇《ずほくめんさいうきょう》に臥《ふせ》たまひ、ついに念仏の息たへをはりぬ。于《に》レ時頽齢《ときたいれい》九十に満たまふ。

なお右の記事には親鸞の死亡時刻を午時《うまのとき》（十二時）としているが、本願寺本『教行信証』の識語に未時《ひつじのとき》（午后二時）とある。この識語には葬送の時刻や拾骨の日なども記してある。

その臨終には、弟尋有や末娘覚信尼がはべり、また越後から子息の益方入道もはせつけてきた。翌二九日戌時《いぬのとき》（午后八時）に葬送したが、下野国高田の顕智、遠江国池田の専信なども上洛して参列し、東山の麓、鳥辺野《とりべの》の南、延仁寺《えんにんじ》で火葬にした。翌三〇日に遺骨を拾い、鳥辺野の北、大谷にささやかな墳墓をきずき納骨した。

造形美の否定

❖名号を本尊に

親鸞が礼拝の対象とした本尊は、南無阿弥陀仏・南無不可思議光仏・帰命盡十方無碍光如来の六字・八字・十字の名号である。源信・法然らの念仏者が、本尊として礼拝してきたのは、絵画や彫刻の阿弥陀仏像であった。源信は『往生要集』に、念仏者は命終わるとき、阿弥陀仏の迎えをうけ、西方浄土にみちびかれるという、阿弥陀仏の来迎《らいごう》を説いた。それ以来、来迎思想が盛んとなり、阿弥陀仏像の姿も、念仏者を迎えとろうとする姿勢を示した来迎像が多く作られた。その来迎像は、源信のころは坐ったままの姿が多かったが、法然のころになると、念仏者に向かって歩みかける立像の来迎像が作られ、阿弥陀仏の積極的な救済の姿を現示するようになった。

しかし親鸞の教えは、阿弥陀仏の本願を信ずるところに、その救いが成就して弥陀と等しい位につくことができるのであるから、臨終に際して弥陀仏の来迎をたのむ必要はなかった。これについて親鸞は、建長三年（一二五一）の手紙のなかでつぎのような意味のことをいっている。

来迎ということは、もっぱら念仏をとなえて往生を志す専修念仏者のいうことではなく、念仏に自力の行を加えて往生を願う諸行往生の考えから起こっている。臨終ということも、諸行往生の人について言うことである。というのは命が終わろうとするときに、仏の来臨を請いたすけをたのむということは、それまでにほんとうに仏の救いの本願がわかっておらないからである。真実の信心を得ていないからである。真実の信心を得た人は、浄土に往生することが確定しているから、命が終わろうとするときに仏の来臨をのぞむ必要はない。信心が定まったとき、浄土への往生が決定するからである。

❖造形美の否定

以上のようにいって、親鸞は来迎思想を否定した。このことは来迎像の礼拝の否定をも意味するが、さらに形像の阿弥陀仏の礼拝にも否定的であった。形像を礼拝することは、仏像をみて浄土往生を願う観仏という自力の行につながるものであり、観仏は聖道門の行者のすることで、絶対他力の弘願の行者のすべきことではないとの考えにもとづくものである。すなわち形や色にとらわれることなく、芸術的美の世界にとどまることなく、物の本質そのものを認識す

親鸞八十三歳讃「十字名号」
（三重県津市，専修寺蔵）

ることが肝要であるとする。名号成立のいわれを聞き、阿弥陀仏の本願を知るには、名号そのものを礼拝の対象とするのが最上策であるとしたのであった。

これまでの浄土教の僧たちは、人びとが仏像・堂塔の造形美を通じて、その向こうに横たわる宗教的真実の世界への到達を念じた。しかし人びとの多くは、仏像の造形美に眼をうばわれ、美的感覚のなかに心の慰安を得、それを宗教的境地と誤認していた。藤原貴族の造寺造像は多くこれに類するものであった。また迎講に感泣する民衆も、その迎講の、浄土とも見まがい、阿弥陀仏の来迎を思わせる儀式の美的感動を、宗教的感激と誤信していたのであった。

親鸞は、造形の阿弥陀仏が、往々にして芸術的美の世界に念仏者をとどめ、宗教的真実の門に到達させ得ない点をかえりみて、美を媒介とする宗教ではなく、宗教の本質そのものを直接に人びとに示そうとした。ここに名号を本尊として用いた理由があった。

❖親鸞依用の名号本尊

親鸞の用いた名号本尊は、紙の中央に六字・八字・十字のいずれかの名号を書き、上下に別の紙をはりつけ、それにはその名号の意義を明らかにした経・論・釈の文をしるしている。この上下の添紙の文を讃銘《さんめい》または銘文《めいもん》という。銘文の文句は、『尊号真像銘文』という親鸞の著述にしたがってしるされた。

現存する親鸞の名号本尊はつぎの通りである。

(1)帰命盡十方無碍光如来	八三歳	三重県専修寺
(2)南無不可思議光仏	八四歳	〃
(3)帰命盡十方無碍光如来	八四歳	〃
(4)南無阿弥陀仏	八四歳	京都市西本願寺
(5)帰命盡十方無碍光如来	八四歳	愛知県妙源寺
(6)帰命盡十方無碍光如来		三重県専修寺

右のうち(2)(3)(4)(5)の四幅《ぷく》は名号も讃銘もすべて親鸞八四歳のときの筆である。しかし、八三

歳のときの(1)と、年時の記されていない(6)とは、名号は職人が籠文字で書き、上下の讃銘は親鸞が書いている。

　現存するわずか六幅の遺品からの推側ではあるが、親鸞は八三歳のころまでは、籠文字で書いた名号に、讃銘は自ら筆をとってしるし、門弟にあたえ、八四歳以後は名号・讃銘ともに自ら書いたと考えられる。

　はじめ親鸞は、自分が書いた名号を門弟たちの礼拝の対象とすることに、ある種の抵抗感をいだいていたのではなかろうか。ところが八四、五歳のころから、いわゆる自然法爾の心境に到達し、門弟に請われるままに、名号を書いてあたえたのであろう。

　親鸞は名号本尊を用いたからといって、従来の絵像や木像の本尊をまったく拒否したのではなかった。下野国高田専修寺の本尊は、親鸞が善光寺から感得した一光三尊の阿弥陀仏像であると伝え、近江国木部《きべ》の錦織寺《きんしょくじ》の本尊は、霞ヶ浦《かすみがうら》から上がった木像で、親鸞が常陸滞在中に礼拝したという。こうした伝承は、たとえば親鸞が高田の如来堂（専修寺）に寄寓《きぐう》して布教をしたような場合、そこに従前から安置していた仏像を本尊としてあがめたことを意味するのであろう。したがって、親鸞が村の辻堂などで布教したとき、ふるくからの本尊を廃止して、名号本尊に改めたということはなかった。ただ自ら安置したり、門弟が本尊をのぞんだときには、名号本尊を用いたのであった。

❖高僧像

親鸞は名号を本尊として礼拝するとともに、善導・源信・法然など浄土教の高僧の肖像をも本尊に准じて尊敬した。『尊号真像銘文』にも、それら高僧像に書きそえる銘文をのせている。高僧像は一紙に一人だけ描いた場合もあったが、複数で何名かを一緒に描いている。また聖徳太子も日本仏教展開の恩人として、その肖像を描いて尊崇した。さらに名号本尊に高僧像をくみ合わせ、名号の両脇に僧像を加えたものもみられる。のち光明本尊といって、大型の紙の中央に名号を書き、その両側に高僧と聖徳太子の像を描いたものも現われるようになった。光明本尊について、覚如の長子存覚が著わしたという『弁述名体抄《べんじゅつみょうたいしょう》』につぎのようにいっている。

高祖親鸞聖人御在世の時、末代の門葉等安置の棚にさだめおかるる本尊あり。いわゆる六字の名号・不可思議光如来・無碍光如来等なり。梵漢読ことなれども、みな弥陀一仏の尊号なり（ナムアミダ仏というのは梵語「サンスクリット」であり、無碍光如来というのは漢語であるが、梵語・漢語とその読み方がちがうだけで、みな弥陀仏の名前である）。このほか、あるひは天竺《てんじく》（インド）・震旦《しんたん》（中国）の高祖、あるひは我朝血脈の先徳等、各々に真像等を一軸のうちに図画して、これを光明本尊となづく。蓋《けだ》しこれ当流の学者のなかに、たく

光明本尊（福井県越前市，毫摂寺蔵）

み出されたるところなり。

光明本尊は、親鸞の死後から南北朝時代にかけて盛んに用いられたが、これは道場においては、本尊を安置する場所が狭いので、名号本尊や高僧像を数幅もならべてかけることは困難であった。そこでこれらを一幅におさめ、安置に便宜な本尊が考案されたのであろう。

❖親鸞の肖像

親鸞の死後、門弟はみな彼の像を描いて安置するが、親鸞は生前に肖像を作製したことがある。『親鸞伝絵』に、仁治《にんじ》三年（一二四二）親鸞七〇歳のとき、常陸国の入西という門弟が、親鸞の肖像を希望していたので、七条辺に住む絵師定禅に描かせた物語がみえる。それは、親鸞が定禅を呼びよせたところ、定禅は去夜の夢に、善光寺の本願御房で阿弥陀仏の化身である僧を写せと命ぜられたが、夢のなかの僧と親鸞とがまったく同一人であると、驚喜しながら筆をとったというのである。

西本願寺に鏡御影《かがみのごえい》と称する親鸞の絵像（巻頭口絵参照）がある。延慶《えんきょう》三年（一三一〇）、覚如が修理したときの識語（メモ）があり、これを描いたのは専阿弥陀仏《せんあみだぶつ》（袴殿《はかまどの》）という絵師だという。彼は鎌倉時代の著名な肖像画家藤原信実《のぶざね》の子である。覚如は、この絵像は、親鸞の生前の姿を、毛の端までも間違えないように正確に描いたものであるといっている。

鏡御影は、写生でなければ描きだせない筆づかいがみられ、彩色を施されない素描である。定禅が描いたのもこうした絵像で、あるいはこの鏡御影であったかも知れない。とすると定禅と専阿とは同一人ということになる。その専阿の手元に保管されていた画稿を、覚知は何かの縁によって入手したとも考えられる。

専阿の父信実は、かつて法然の肖像を描いた。この像は門弟空阿によって、本尊として日々に礼拝されたという。すでにのべたように、元来、本尊として礼拝の対象となったのは、仏・菩薩の像であり、親鸞の場合は名号であった。しかし、念仏によって救われる身となったのは、ひとえに師法然の導きによるものとして、門弟たちは師の像をも本尊に準じて仰いだ。同じく親鸞の像もまた門弟たちによって、敬愛の対象として尊ばれたのであった。

安城《あんじょうの》御影《ごえい》と称する建長七年（一二五五）親鸞八三歳の肖像が、同じく西本願寺に所蔵されている。これはもと三河国安城の専信（専海）という門弟のところに伝えられたもので、絵師は朝円という。専信は安城御影が描かれた同年に『教行信証』を書写している。これは、かつて親鸞が、法然門下において、『選択集』書写と肖像の図画を許された例にならったものと考えられ、親鸞もまたこうして有力門弟に肖像の描写を許していたのだろう。

安城御影（京都市，西本願寺蔵）

❖寺塔を建てず

木像・絵像よりも名号を重視し、造形美をこばんだ親鸞は、寺塔の建立をも否定した。覚如は『改邪鈔《かいじゃしょう》』に、「造像、起塔などは、弥陀の本願にあらざる所行《しょぎょう》なり。これによりて、一向専修の行人、これをくわだつべきにあらず。されば、祖師聖人（親鸞）御在世のむかし、ねんごろに一流を面授口決《めんじゅくけつ》し奉る御門弟達、堂舎を営作するひとなかりき。ただ道場をば、すこし人屋に差別あらせて、小棟をあげてつくるべきよしまで御諷諫《ごふうかん》ありけり」と、親鸞の教えをうけつぐ門弟のなかに、仏像を彫ったり寺塔を建てるものはなかったと伝える。

法然も生涯、寺を建てず、かつて門弟の信空が、法然の死後はどこを遺跡と定めたらよいかとたずねたとき、法然は、あとを一か所に定めておけば、自分の教えはひろく伝わらない、念仏の声のあるところ、貴賤を論ぜず、たとえ海人《あま》や漁師《りょうし》のところでも、それが自分の遺跡であるといって、寺院を設けることをのぞまなかった。そして法然は既設の寺院を借り、また道場において法を説き、ついに一寺も造建しなかった。

親鸞も師法然にならって、既存の村堂や、人家をすこし改造した道場で念仏の集会を開いたのであった。

❖葬祭の否定

「親鸞は、父母の孝養のためとて、一返にても念仏まう（申）したること、いまださふらは（候）ず」（『歎異抄』）と、亡き父母の追善供養のために念仏をとなえたことは一度もないと、供養の念仏、葬祭の念仏を否定している。

その理由は、「一切の有情《うじょう》（人間）はみなもて世々《せせ》生々《しょうじょう》の父母兄弟なり。いづれもいづれもこの順次生《しょう》に仏になりてたすけさふらふべきなり。わがちからにてはげむ善にてもさふらはばこそ、念仏を廻向《えこう》して、父母をもたすけさふらはめ。ただ自力をすてて、いそぎ浄土のさとりをひらきなば、六道・四生のあひだ、いづれの業苦にしづめりとも、神通方便をもて、まづ有《う》縁《えん》を度《ど》すべきなり」（『歎異抄』）と、念仏を父母の追善のためにとなえることは、その念仏が善をつみ重ねての上に得た念仏であればのことである。自分は一個の善をも修めることはできない罪深い凡夫であり、善をば人に施すということはまったくできない人間である。だから、いまは他人のために念仏し善を施すということは考えないで、早く自分自身が他力の念仏を信じ、やがて浄土に往生して仏になった上で、縁ある人びとを救うべきである、というのである。真実をみきわめていこうとする親鸞にとって、死者の慰霊を願う呪術的念仏が、きびしく拒絶されたことは当然のことであった。

しかし、死の問題、死後の問題の処理、供養と葬祭ということは、人びとにとっては重大な関心事であった。理性的念仏が、たえず呪術への傾斜におびやかされるのも、人びとのもつ葬祭への強い郷愁に根ざしていた。

親鸞の還相廻向《げんそうえこう》は、それへの対応という一面が考えられる。還相廻向とは、無智不善のわれわれ凡人は、とても善根《ぜんこん》をば人に施すことができないので、念仏を信じ弥陀仏の願力で浄土へ往生して仏になった上で、改めて再びこの世に帰り来て有縁の人びとを救おうというのである。

V

教団の発展

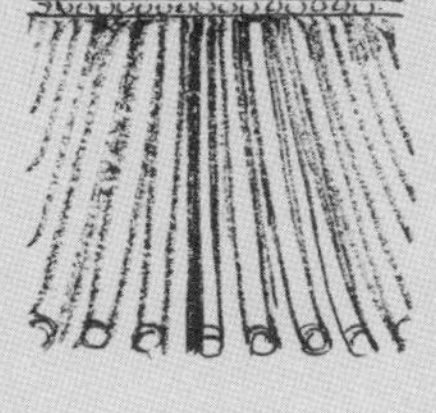

教団の形成

❖大谷廟堂《びょうどう》の創建

弘長二年（一二六二）、親鸞がなくなると、火葬にし、遺骨は東山鳥辺野《とりべの》の北、大谷に墓をつくって納めた。それは一基の墓標に柵をめぐらした、きわめて簡素なものであった。晩年の親鸞を世話した覚信尼や、東国から墓参の門弟たちにとって、そのつましい墓は、寂寞《せきばく》の感をいだかせ、親鸞への追慕《ついぼ》を一そうかきたてたようである。ここに墳墓顕彰の計画がたてられ、墓所からさほど遠くない所に覚信尼が住んでいたので、その地に廟堂を営み、親鸞の影像を安置した。これを大谷廟堂と称し、造営されたのは親鸞の死後一〇年目の文永《ぶんえい》九年（一二七二）のことである。『親鸞伝絵』の古図によると、六角の御堂に親鸞の坐像を安置し、その前に南無阿弥陀仏の六字名号をしるした墓標をたて、六角堂に面して拝堂《はいどう》を営み、そこに参詣人の姿がみえる（一五九頁参照）。門弟たちは遠く東国から上京してこの影像に対坐し、生身の親鸞に接する思いをいだいたことであろう。

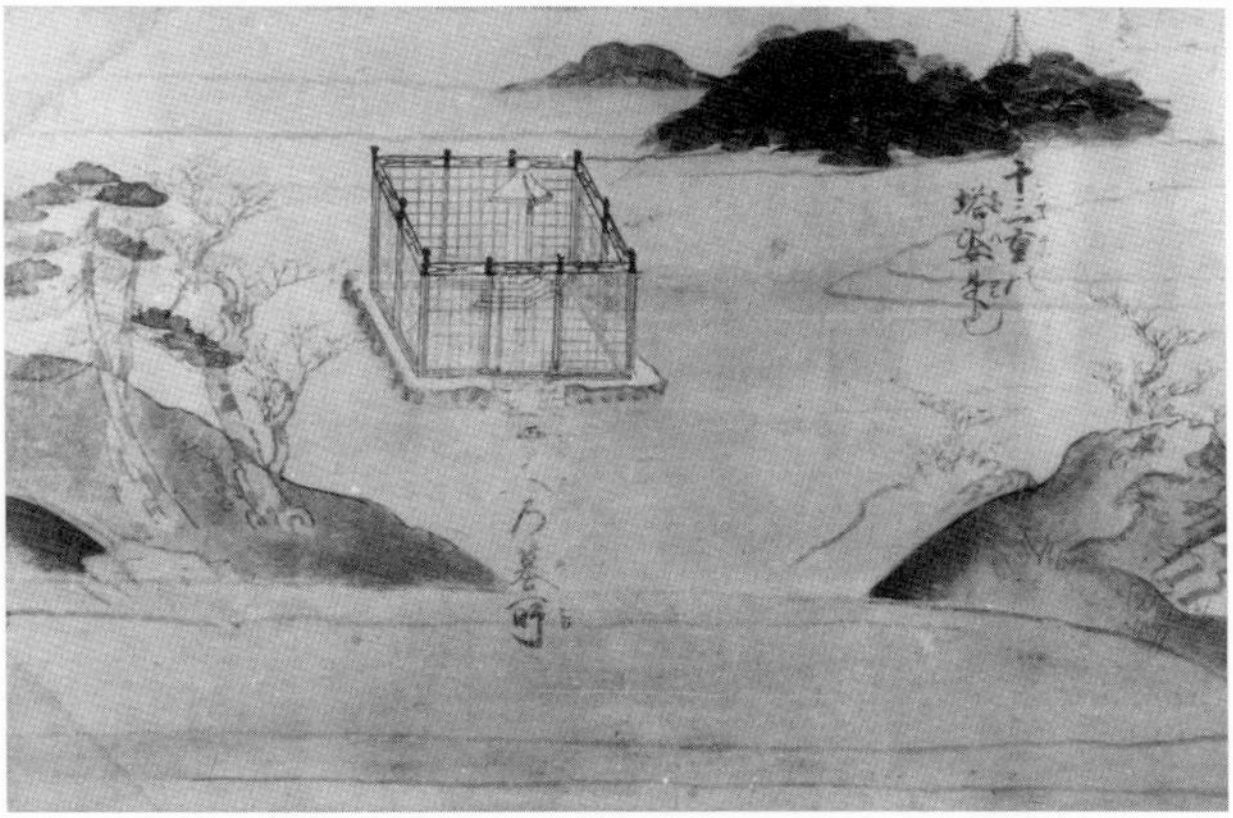
大谷の墓所（『善信聖人絵』，三重県津市，専修寺蔵）

大谷廟堂は、覚信尼と東国門弟たちの協力によって建てられたから、いわば門弟の共有であった。しかし、その土地は覚信尼の所有するものであったから、覚信尼は建治《けんじ》三年（一二七七）この地を門弟に寄進した。そのかわり廟堂を管理し守護する役目（のち留守職《るすしき》と称す）に、尼みずから当たり、また以後も彼女の子孫のなかの適任者が、門弟の承認を得て就任すべきこととした。このように覚信尼は、自分の血筋をひく者を廟堂留守職の後継者と定め、後年の本願寺の血縁相続の基礎をきずいた。ところが、この血縁相続ということが、さっそく留守職の継承をめぐって紛争をひきおこした。

弘安《こうあん》六年（一二八三）覚信尼が死去すると、遺言によって長子覚恵《かくえ》が留守職をついだ。覚恵は異父弟唯善《ゆいぜん》が東国で困窮の生活を送っていることをきいて、大谷廟堂に同居させた。ところが唯善は、覚恵の手より廟堂を奪いとろうと企て、自分は父禅念から大谷の廟地を譲られていると訴訟をおこした。というのは、この地は、覚信尼が夫禅念から譲られたもので、もとは唯善の父禅念が所有していたからである。しかし正安《しょうあん》

覚如（京都市，西本願寺蔵）

四年（一三〇二）後宇多院《ごうだいん》の院宣《いんぜん》によって、廟堂敷地は門弟の共有であることが確認され、唯善の野望はうちくだかれた。その後も唯善は廟堂を横領しようとし、ついに徳治《とくじ》元年（一三〇六）覚恵が重病で寝ているとき、廟堂の鍵をうばいとった。そのため覚恵は大谷廟堂を出て、翌年四月に二条衣服寺付近で死去した。

覚恵の子覚如《かくにょ》（一二七〇―一三五一）は、東国の門弟と協力して、その対策を講じ、延慶二年（一三〇九）青蓮院《しょうれんいん》の裁決によって唯善を破った。唯善は廟堂を破壊し、親鸞の遺骨と影像とをうばって鎌倉に逃亡した。そこで門弟は、ふたたび影像を造立し、遺骨を拾収して墳墓をきずき、廟堂を修築してようやく旧態に復することができた。

❖三代伝持《さんだいでんじ》の血脈《けつみゃく》

覚如は父覚恵が死去する前年に廟堂留守職の譲状をうけていたので、門弟に就任の承認を求めた。しかし門弟は、覚如の就任に難色を示し容易に同意しなかった。これは唯善が廟堂破壊という不祥事をひきおこしたのは、留守職は覚信尼の子孫によるべしという血縁相続法にあったからと考えた。さらに覚如の性格が、後年の彼の活躍にみられるよう、門弟の委託による廟堂の管理人的な留守職の地位に満足せず、廟堂と留守職を教団の中心的かつ支配的地位に昇格させようとし、こうした彼の志念を門弟たちは敏感に覚知したためであろう。

覚如は十二か条にわたる懇望状《こんもうじょう》を提出し、誠意を披瀝《ひれき》して、ようやく門弟団の同意を得、留守職に就任することができた。就任の承諾を得た覚如は、門弟の意向によって左右される留守職の地位の強化向上を図り、これに宗教的権威を付与しようとし、三代伝持《でんじ》の血脈を唱えた。三代伝持の血脈とは、浄土真宗の教えは、法然から親鸞へ、親鸞から孫の如信に伝えられ、覚如は如信から受けついだという主張である。これは覚如の著書『口伝鈔《くでんしょう》』と『改邪鈔』に明確に表明されている。また彼が作製したとみられる連坐の影像が二幅、西本願寺に現存するが、それは善導・法然・親鸞の像を一幅に描いたものと、親鸞・如信・覚如の三人を一幅に描いたもので、こうした連坐像は三代伝持の血脈を主張する彼の意図を示すものといえよう。

かくて覚如は、血筋からしても、また教えの上からも正しく親鸞を継承するものであることを表明し、自己の地位に宗教的意義を付与するとともに、実質的な留守職の権限強化をも図った。すなわち元亨《げんこう》四年（一三二四）、覚如は妙香院の下知状《げじじょう》を得て、門弟は廟堂の敷地について支配権があるが、留守職の相続には介入できないとした。この覚如の企図にたいし、門弟は青蓮院に訴えて、廟堂および敷地は門弟の共有であることを明らかにし、留守職の権限をめぐって争いが発生した。この問題には覚如と彼の長子存覚《ぞんかく》の不和ということがからんでくる。覚如は存覚を前後二回にわたって義絶したが、覚如が門弟の反対をおして強引に留守職の権限強化を図るのにたいし、存覚は門弟との協調を主張し、意見が衝突したのが原因であるとみられる。

廟堂の維持費や留守職の衣食などは、東国の門弟たちから送ってくる金品によっていた。覚如と門弟の不和は経済的困窮をもたらした。存覚が著わした『存覚一期記《いちごき》』正和《しょうわ》三年（一三一四）の条に、この年は上京して大谷本廟に参詣するひともなく、覚如は越年の費用に困っていたところ、奥州浅香の法智がようやく五〇〇疋《びき》の灯明料をもってきたので、何とか年をこすことができたと記しており、また晩年にいたっても、覚如は窮乏の生活をしていたことがしるされている。このように門弟の支援がなくては留守職の経済生活は成立しなかったが、覚如はそれにたえて、大谷廟堂の地位向上を図ったのであった。

❖本願寺の創唱

覚如は三代伝持の血脈によって留守職の地位向上を図るとともに、廟堂を寺院化し、真宗教団の本所《ほんじょ》としようとした。そこで正和元年（一三一二）廟堂に専修寺《せんじゅじ》という額をかかげた。ところが、比叡山衆徒から専修ということは昔から禁止され、親鸞もそのため流罪になったので

大谷廟堂（『善信聖人絵』，三重県津市，専修寺蔵）

あり、専修寺という寺号を称するのはよくないという抗議がきたので、この寺額をとり除いた。その後間もなく本願寺と称した。その本願寺号がはじめて文書にみえるのは、元亨元年（一三二一）の鎌倉幕府への愁申状《しゅうしんじょう》である。それは先年以来、幕府は一遍《いっぺん》の時宗《じしゅう》を禁止していたが、親鸞の門徒がそれに混同されて取り締まりをうけたので、その解除を申請した文書で、そのはじめに「本願寺親鸞上人門弟等謹言上」と書いている。この文書は奥州の法智の申出によって覚如が起草したものであるが、本願寺親鸞上人門弟と記したのは、親鸞の全門弟を本願寺という寺の下に統合し、本願寺を教団の中心としようとした覚如の意図を物語るものといえよう。

本来、廟堂には親鸞の影像がその中心に安置されていた。これが本願寺と名乗り寺院化されると、そこに本尊阿弥陀如来の安置ということが考えられる。これについて高田門徒の順証が惣門徒中にあてた手紙に、高田の定専《じょうせん》のとき、大谷では廟堂の中心に安置していた親鸞の木像をかたわらに移し、そのあとに阿弥陀仏像を安置しようとしたので、定専が再度これをとどめた。ところが今またそうしたことを計画しているので、いろいろといって中止を求めたが大谷ではこれをきいれない、どうしたものであろうか、とのべている。その高田の定専の時代は、覚如の晩年にあたり、最初に本尊安置を計画したのは覚如のときとみられる。そして実際に本尊安置が実現するのは次代の善如《ぜんにょ》のときであった。

❖地方教団の形成

大谷廟堂に親鸞の影像を安置し、しずかに遺徳をしのぼうとした東国の門弟たちは、留守職の争奪や廟堂の寺院化などによって、敬慕の情をさまたげられたので、各地の門弟はめいめい独自の立場で親鸞をしのび、遺徳を顕彰し、念仏をひろめようとした。東国門弟の元老であった真仏《しんぶつ》は正嘉二年（一二五八）に親鸞にさきだって死亡し、性信もまた建治《けんじ》元年（一二七五）に去ったあと、鹿島の順信、高田の顕智、荒木の源海などが指導者となって念仏者を統率していた。その後、廟堂が門弟の結集点としての性格を欠くと、これら有力門弟を中心に、各地に小教団が分立する傾向が強くなった。それは、覚如の『改邪鈔』のなかにみられるように「至《し》極末弟《ごくまってい》の建立の草堂を称して本所《ほんじょ》」としたり、さらには「造寺土木のくわだてにおよん」で伽《が》藍《らん》を営造し、道場を中心に結ばれた地方の念仏集団が寺院を擁して教団を形成し、その指導者を阿弥陀仏に擬して尊敬するものも出て、地方教団が独立的色彩を強くしていったことを物語っている。

そうした地方教団のなかで、真仏の系統をひく高田門徒・荒木門徒・和田門徒が特異な存在を示し、このほか鹿島門徒・伊達《だて》門徒・横曽根門徒がその当時の有力地方教団であった。そのうちでも高田・鹿島・和田の三門徒が大谷廟堂の唯善事件のときおもになって活躍し、廟堂の復興や覚如の留守職継承およびその後の彼の動向に深い関心をよせていた。

❖高田門徒

この三門徒のうち、とくに高田門徒の勢いは非常に盛んであったようで『三河《みかわ》念仏相承日記』に「三河より高田へまいるひとびとの事」とあり、高田を中心とする念仏繁昌《はんじょう》のありさまが記されている。元来、高田門徒は大谷廟堂の創立に大いに力をそそぎ、また以後の廟堂運営にも深い関心を示した。しかし覚如の本願寺中心的な考え方には反対であったようである。顕智と次代専空・空仏・順正のころの高田門徒は、本願寺をしのぐものがあり、前掲の『日記』にみられるように、三河の和田門徒は京都の大谷廟堂には参らず、三河国（愛知県）からはるばる下野国高田へ行っている。

三河の和田門徒は高田門徒の系統をひく信寂・寂静を中心に結集していたが、さらにこの門徒から如道が出て越前（福井県）へ念仏を伝えた。如道は大町（福井市）に専修寺の基を開き、彼の弟子道性は、横越《よこごし》（鯖江《さばえ》市）に証誠寺《しょうじょうじ》を、道性の門弟如覚は鯖江に真照寺（誠照寺）をそれぞれ開いた。如道を開基とする越前教団は、もっぱら和讃を大声で称えたところから讃門徒《さんもんと》といわれた。

❖明光系教団

東国高田系の教団にたいし、京都仏光寺を中心に近畿地方に急激に進展したのが了源《りょうげん》の教団である。了源は武蔵の荒木門徒の系統をひく鎌倉の明光《めいこう》に師事していたが、のち覚如・存覚の指導をうけた。元亨三年（一三二三）山科《やましな》に寺を建て、覚如は興正寺と命名したが、さらに寺を京都渋谷《しぶたに》に移し、存覚によって仏光寺と改名した。やがて仏光寺は『名帳《みょうちょう》』『一流相承《そうしょう》系図（絵系図《えけいず》）』の依用によって大発展をとげ、親鸞・真仏・源海・了海・誓海・明光・了源という法脈相承の系譜をしめして独立教団的構成をとってくると、覚如の本願寺を中心とする教団統一の理想と相反することになり、覚如は仏光寺にたいして、厳しい批判の言葉をあびせるにいたった。覚如は『改邪鈔』の第一条に仏光寺教団の用いた『名帳』『一流相承系図』を親鸞の教えにそむくものとして非難した。『名帳』とは、師弟法脈の関係を系譜の形でしめしたものであり、『一流相承系図』は『名帳』の人名にそれぞれ肖像をつけ加えたものである。応永《おうえい》二

『一流相承系図』　右の僧が了源。（京都市，佛光寺蔵）

○年（一四一三）ごろの仏光寺について「このころは大谷の参詣かつてなし、渋谷仏光寺、絵系図・名帳、繁昌のころにて、諸人群集す」（『本福寺旧記』）とあり、仏光寺が本願寺をしのいで盛んであったことが知られる。それは『名帳』『一流相承系図』が、これに名前を記入すると浄土に往生することを約束されたと解されるようになったからである。

『名帳』『一流相承系図』の作者を了源とする説もあるが、『一流相承系図』は仏光寺教団だけが用いたものではない。備後《びんご》（広島県）の慶円《きょうえん》の教団もこれを用いている。慶円を中心とする教団は、建武《けんむ》・暦応《りゃくおう》年間（一三三四―四二）のころは強力な教団形成をしていたようで、暦応元年（一三三八）に存覚を招いて備後の府中で法華宗徒と法論をしてこれを破り、真宗はいよいよ繁昌したと『存覚一期記』にみえる。また同年、親鸞・法然の絵伝を図画して山南《さんな》の光照寺に安置しており、このころすでに寺号をもった寺院を中心に教団が構成されている。この教団の発展の基となったのは、仏光寺と同じく『一流相承系図』を用いたためであるとみられる。

慶円も了源と同じく明光を師と仰いでいるので、両人がいずれも『一流相承系図』を用いて教団を発展させたその背後には、明光の意図がうかがわれる。

近江《おうみ》(滋賀県)木辺《きべ》の慈空による錦織寺《きんしょくじ》も、了源・慶円の二教団と同じころに展開する。錦織寺は、寺伝によると、親鸞が関東から帰京の途中、寄宿した毘沙門堂《びしゃもんどう》から興ったといい、下総の横曽根門徒の性信を始祖に善明・願明・愚咄《ぐとつ》・慈空と相承したと伝える。しかし、『存覚一期記』には、慈空をもって錦織寺の開創者としており、仏光寺が了源の創建ではあるが、それ以前の歴代を選定したように、錦織寺も慈空によって、親鸞遺跡に寺を設立したのであろう。

❖地方教団の分立

以上のように、本願寺覚如の時代には、高田系と明光系の二大教団を主に、大小の教団が分立していた。それは覚如の『改邪鈔』にも指摘するように「道場と号して簷《のき》をならべ墻《かき》をへだてたるところにて各別各別《かくべつかくべつ》に会場をしむる」ありさまで、各教団が独自の法系をたて、閉鎖的傾向が強く、独立的色彩を濃くしていたことを物語るものである。覚如の主張する本願寺中心主義は、留守職を頂点とする階層的支配機構の確立であった。それは階層をこえ平等な結合を目的とする親鸞の同朋思想とは逆行するものであった。こうした逆行は地方教団にもみられ、地方の念仏集団が教団構成をなし、独立的色彩を強くしたことは、無差別平等に結ばれる同朋思想を稀薄化するものであった。

地方教団の閉鎖性は、知識帰命《ちしききみょう》的風潮をもたらす。つまり教団の指導者（知識）を阿弥陀如来になぞらえ、これに従わない信者は罰をうけるという考えである。これをもっとも端的に表明しているのは『一流相承系図』の序文、および了源の作ったといわれる「一味和合契約之事《いちみわごうけいやくのこと》」で、明光の教えをうけるものは、たがいに水魚の思をなし、仏法につけ、世間につけ、わが大事をば、ひとの大事と思い、ひとの大事をばわが大事と思って、特に念仏にたいする障害は、身命をすててあたるべきであるというように、知識を中心にかたく一致団結を誓っている。

教団の発展

❖念仏者の惣《そう》的結合

東国に発足した親鸞の念仏集団は、次第に西へひろがり、南北朝時代に、その重心位置は近畿から中国地方に移った。それを代表する教団は、仏光寺や光照寺などを中心に展開した明光《めいこう》系教団である。その明光系教団の形成基盤は、念仏者の惣的結合にあった。惣というのは、農民の自治組織につけられた名称である。近畿などの先進地帯において、鎌倉時代末期から荘園制が次第に崩壊し、荘園農民の分解が進行すると、農民の地縁的自治組織「惣」が結成される。そして南北朝の内乱をへて荘園が急速におとろえる反面、惣は強力な自治権を獲得するにいたる。

この農民組織の惣を真宗門徒に適用したのが明光系教団である。その教団では「この門葉《もんよう》のなかに、惣のゆるされをかうらずして、師匠の影像等をかきたてまつること」とか「こころざしあらん行者は、惣のなかになげかんとき評議をくはへて」（『一流相承系図』序文）とあり、惣の衆議によって教団運営がなされ、惣の指導には知識があたり、惣員（信者）にたいし強力な統制を加えていた。

農民共同体の惣が地縁関係によって結ばれていたのにたいし、念仏者の惣は、惣村の区画に限定されることなく、数個の村にわたるもの、あるいは一村のなかに二つ以上の念仏者の惣がある場合もみられる。それは念仏者の惣が地縁関係による惣ではなくて、法流師弟の関係によって結ばれていたからである。

惣村は農民の支配者にたいする抵抗体として生まれたものであるが、念仏集団も権力支配の社会を否定するものであったから、両者の追求目的や手段は異なっているが、権力支配にたいする抵抗という点において、たがいに共感するところがあった。しかも真宗教団の社会的基盤は農民層にあったから、惣村の成長と念仏集団の組織は、やがて無関係には考えられなくなる。すなわち惣村をつくり権力支配からの解放をもとめる農民は、古い宗教的権威や政治権力の世界を否定する念仏に解放の道を見いだした。そしてこの時代は支配者側において闘争がくりかえされ、権力支配は統一あるものではなかったので、農民の団結は容易に行なわれた。ここに真宗門徒を中心とする、いわゆる一向一揆《いっこういっき》の発生をみるにいたる。

❖本願寺教団の発展

本願寺において、覚如の後、善如《ぜんにょ》・綽如《しゃくにょ》・巧如《ぎょうにょ》・存如《ぞんにょ》と相ついだが、その間、本願寺を中心とする教団の形成は、徐々にではあるが進行していた。綽如は明徳《めいとく》元年（一三九〇）に越中《えっちゅう》（富山県）井波《いなみ》に瑞泉寺を建て、巧如もここにとどまって北陸における教線の伸張につとめた。これは次の存如の時代に一段と前進し、近江（滋賀県）・加賀（石川県）・能登（石川県）・越前（福井県）などにおいて本願寺門徒による教団形成がみられ、本願寺においても親鸞の影像を安置する御影堂《ごえどう》と阿弥陀堂の両堂が建てられた。しかし真宗教団全般の動きからみると、この時代の本願寺は、仏光寺とか専修寺などにくらべ、不振であったということができる。

長禄《ちょうろく》元年（一四五七）、本願寺第八世蓮如《れんにょ》（一四一五―九九）が継職すると、彼の大活躍によって、前代以来つちかわれてきた本願寺興隆の花は開いた。覚如による本願寺を中心とする真宗教団の統一計画は、地方教団の分立という逆な方向へ指向させてしまった。こうした結果を招いたのは、覚如が親鸞の同朋思想に反するような階層的教団形成を企図したにほかならなかった。これは蓮如にいたるまでの本願寺における日常の教化姿勢にもあらわれており、万事につけ形式主義となり、堂内を上下両壇に分け、法談のとき下壇で法をきく信者の眠気をさますため、仏壇の脇に一尺ほどの竹をおいていたという。蓮如はこうした教化態度を改め、上下の区別をなくし、「身をすて、平座にもみなと同座するは、聖人の仰《おおせ》に、四海の信心のひとはみな兄弟と仰られたれば、われもその御ことばの如くなり」という親鸞の立場にかえり、同朋思想にもとづく教化を行なった。そして蓮如の農民を主対象とする教化は、農民の支配者にたいする解放運動の時潮に契合し、その思想的ささえとなり、本願寺を中心とする教団は飛躍的に伸張した。教団が発展すると、やがて僧侶と信者の分化が顕著となり、僧侶を中心とする教団形式が行なわれることになった。こうしてまた、いつしか親鸞の同朋思想は稀薄化されるにいたる。つまり同朋思想にもとづいて興隆した教団が、その発展につれて、上下本末の階層によって規律される教団へと変容していったのである。これは教団が一個の社会的勢力として、社会的政治的世界において生存するためには、のがれることのできない運命であるともいえよう。

蓮　如（滋賀大津市，円成寺蔵）

❖一向一揆

農民階層を信者とする真宗教団は、室町時代中期から一段と熾烈《しれつ》となる支配者への農民の抵抗運動と、無関係ではおれなくなった。正長《しょうちょう》元年（一四二八）の京都・奈良付近における馬借《ばしゃく》一揆をはじめとして、各地で土《つち》（ど）一揆や徳政《とくせい》一揆がおこり、農・庶民の支配者や商業資本家にたいする抵抗運動が激化すると、念仏のもつ宗教的権威や権力支配の世界を否定する革新思想は、来世往生の思想と相まって、農民の抵抗意識を助長させ、真宗門徒を主軸とする一向一揆の発生をみるにいたった。蓮如は、門徒の支配者への抵抗に、「守護地頭を疎略《そりゃく》にすべからず」という制戒をしばしば発し、「もしこのむねをそむかんともがらは、ながく門徒中の一列たるべからざるものなり」（御文《おふみ》）と強くいましめている。しかし蓮如のこうした制戒にもかかわらず、ついに文明《ぶんめい》末年（一四八七）から長享《ちょうきょう》二年（一四八八）にかけて、加賀において、本願寺門徒を主体とする農民一揆が、守護富樫《とがし》氏を攻め亡ぼし、門徒農民の支配する国となった。

加賀における一揆の成功は、本願寺の領国化という結果を生んだが、隣国の越前においても領主朝倉氏《あさくらし》の内紛に乗じて一揆がおこった。永正《えいしょう》三年（一五〇六）朝倉元景《もとかげ》は本願寺門徒の援助によって、専修寺門徒の後援する朝倉貞景《さだかげ》と戦いを交えた。しかし元景方の敗戦となり、吉崎御坊《よしざきごぼう》・本宮寺・超勝寺などの本願寺側寺院は焼かれ、門徒一万人が死んだという。越中においても本願寺門徒が蜂起し、各地の領主を攻撃したので、領主たちは越後に逃げ、長尾能景《ながおよしかげ》にたすけを求めた。能景は永正三年、来援したがついに敗死するにいたった。そこでこののち長尾氏は八か条の禁制を発布し、領国内で真宗を厳禁した。

蓮如のあとをついだ実如《じつにょ》（一四五八―一五二五）は、こうした北国門徒の領主との抗争をやめさせようとつとめた。長尾氏の場合のように、領主の妨害にあえば、その国における本願寺教線がたち切られるおそれもあった。実如は播磨《はりま》（兵庫県）を支配していた赤松氏が、真宗にたいして心よく思っていなかったので、寵愛していた馬を贈って、彼の領国で真宗がひろまるように図った。また、かつて蓮如は、半将軍とも呼ばれて権勢をほこった細川政元《まさもと》のため、精進料理の接待を魚肉にかえるということまでして、その意をむかえようとつとめた。権力否定の同朋思想をかかげながら、他方では教団護持のため権力者と手をにぎらなければならないという苦しい立場にあった。

支配者との争いをさけるため、蓮如のいましめを守って、実如も本願寺が直接兵を動かすことはさけていた。ところが永正三年、ついに本願寺みずから武器をとって闘わなければならないはめにおちいった。しかもそれは支配者対門徒農民の争いではなく、領主間の勢力争いのためであった。細川政元と畠山義英《よしひで》の両者の間に争いが起こり、政元が義英の河内（大阪府）誉田城《こんだじょう》を攻撃した時、本願寺の援助があれば城はたちまち落ちるだろうと進言するものがあり、政元は再三本願寺をたずね、蓮如以来の親交を説いて、出兵を要請した。実如はこれを断わりつづけたが、ついに断わりきれなくなり、摂津《せっつ》（大阪府・兵庫県）・河内の門徒に出動を命じた。

しかし門徒のものは、武器をとって戦うということは、開山親鸞以来そのようなことはなかったと強く拒否した。だが実如は政元に出兵を約束したので、再び摂津・河内の門徒に出動を求めた。しかし門徒はこれに応ぜず、このような不当な要求をする実如を不信任し、大坂坊舎にいた実如の弟実賢を本願寺法主にしようとした。この摂津・河内門徒の反対にあって、実如はやむなく加賀より一〇〇〇人の浪人をよびよせて政元に協力させた。一方、実如不信任を決議した摂津・河内門徒の主謀者たちを破門し、実賢を追放に処した。

これは本願寺がみずから戦争に介入した初めての事件であるが、それは門徒の要求から立ち上がった対支配者抗争ではなく、支配者間の闘争に傭兵《ようへい》として介入することであった。それゆえ門徒が本願寺の命令を拒否したことは当然のことであった。このにがい経験によって、それ以後、実如は武士を敵としたり、武士間の争いにかかわることを厳しく警戒した。しかし次代の証如《しょうにょ》・顕如《けんにょ》の時代になると、領主の傭兵として門徒を動員することはなかったが、一個の領国大名化した立場において、領主と抗争することになった。さらに証如の家臣下間頼秀《しもつまらいしゅう》・頼盛《らいせい》になると、極めて野心的な政略家であったため、「天下の武士を攻め亡ぼして、本願寺の上人を天子とし、我身は将軍と仰がれて、四海を呑《のま》ん」（『朝倉始末記』）というのぞみをいだいていたという。このような事態をひき起こしたのは、親鸞以来の念仏の真意を失い、念仏集団のもつべき本来の立場を逸脱したからにほかならない。こうした真意喪失にたいし、摂津・河内門徒にみられるような反対運動もあったが、大勢に抗することはできなかった。これは戦国の相争う領主間に伍して、大きい社会勢力に成長した本願寺教団を存続させる上において、さけることのできない悲劇であったといえよう。

❖教化者教団の確立

一五六一年（永禄《えいろく》四）八月一四日付のイエズス会の宣教師ガスパル＝ビレラがインドのイルマンに送った書状の中で、本願寺について次のようにのべている。

この宗派は、信者多く、庶民の多数はこの派に属す。常に一人の坊主を頭《かしら》にいただき、死したる者の跡を継ぎ、宗派の創立者の地位に立たしむ。この人は公《おおやけ》に多数の妻を有し、また他の罪悪を犯せども、これを罪と認めず。これに対する崇敬はなはだしく、ただ彼を見るのみにて多く流涕《なみだをなが》し、彼等の罪の赦免《しゃめん》を求む。諸人の彼に与うる金銭はなはだ多く、日本の富の大部分は、この坊主の所有なり。毎年、はなはだ盛なる法会（報恩講）を行ない、参集する者はなはだ多く、寺に入らんとして門に待つ者、その開くに及び、きそいて入らんとするが故に、常に多数の死者を出す。しかもこの際、死することを幸福と考え、故意に門内に倒れ、多数の圧力によりて死せんとする者あり。夜に入りて坊主、彼等に対して説教をなせば、庶民多く涙を流す。朝に至り鐘を鳴して合図をなし、ここにおいて皆堂に入る。

右の記事は、顕如が継職して間もないころの大坂本願寺の有様であるが、前代証如の山科から大坂へ移転以来、教勢は時とともに隆盛となっていった。ビレラの書状にもあるよう、当時の本願寺は莫大な財力をもっていた。その財源となったのは、門徒の懇志《こんし》である。門徒の懇志には、本願寺法主《ほっす》から本尊や聖教を下げ渡されたときの御礼銭や、正月・盆・年末などの季節のおくりものなどの門徒個人の進上金や、講からだす集団の定期的な懇志もあった。門徒は寺に所属するとともに、また二〇日講とか女人講というような講に所属しており、証如・顕如ごろには講が非常に多く組織された.これら諸国の講からの懇志は、主に親鸞の忌日(御正忌《ごしょうき》)を機会に上げられた。その御正忌は毎年修されたので、懇志の上納も毎年行なわれ、したがってそれを年貢とよぶ場合もあった。

本願寺の末寺の増加にともなって、末寺間においても本寺・末寺という上下の階層関係が形成され、末寺や門徒の統制のため賞罰が行なわれた。賞罰が厳重に実施されるにつれて、その権をにぎる法主の地位が強化されてくる。証如のときに勘気《かんき》・折檻《せっかん》・破門《はもん》・生害《しょうがい》・後生御免《ごしょうごめん》などというのが行なわれていたことがある。勘気・折檻・破門というのは、教団の統制をみだし、法主の命令にしたがわない者に加えられた。破門というのは蓮如以前にもあったが、証如ごろ教団が大きくなり、一揆がさかんになると、教団統制のため、いろいろの処罰規定が設けられ、それをうける者が増加してくる。この処罰をうけたとき、郷村組織と門徒組織とが一致しているところでは、その生命をおびやかされることになる。近江国堅田《かたた》の本福寺が、本願寺一門の蓮淳《れんじゅん》と対立して勘気をうけたが、それについて「その国その郡に、御本寺の御意《ぎょい》よき御《ご》坊《ぼう》御《ご》一家《いっけ》あらば、そのおにくしみあらん坊主、ゆきかたもしらず飢食死《かつえじに》」すると、勘気をうけることは生害（死）にちかい極刑であったという。生害は多く加賀の門徒にみられ、たとえば天文《てんぶん》六年（一五三七）、高橋新左衛門が本願寺に謀反したので生害させられ、同一六年（一五四七）には海老名孫次郎が楽書《らくがき》した罪で同じく生害となっている。

後生御免というのは、地獄行きの人間であっても、法主の許しがあれば極楽に行けるというのである。これについて蓮如の第二三子実悟《じつご》は「後生の御免と申事、近代《ちかごろ》申さるる人候。いづれの経論に御入候事候や。いまだ承りおよばざる由、おのおの申事に候。これも実如上人の御時までは、沙汰なき事にて候。ちかごろ天文年中以来、いでき申候ことに候。いづれの祖師の仰にて候や、おのおの不審《ふしん》に候」と強く批判している。

蓮如によっておしひろめられた教線は、しだいにその内容を充実し、一世紀のちの顕如の時代には、法主を頂点とする専制体制が確立した。その教団組織は、やがてあらわれる江戸幕府の近世封建体制のなかにくみこまれることになる。

元来、教団というものは、宗祖の思想を誤りなく伝持すべき使命をになうものである。これは、薬はいわば「教え」という薬を、保護し被覆《ひふく》するカプセルのようなものである。カプセルは、薬を変質しないように保護するとともに、服用しやすいものでなければならない。カプセルが薬の性能を変質させたり、効能を阻害してはいけない。ただ、ある人にとって、そのカプセル入りの薬が、服用しにくかったり、飲んでも胃のなかでとけにくい場合がある。そうしたときは、カプセル、つまり教団は、その人にとっては、不快な無用な存在となる。しかし、それは個人的な問題である。もしそれが多数の人びとに同様に悪条件となるなれば、そのカプセルは改善しなければならない。ましてや宗祖の思想を喪失してしまった、つまり薬品を内蔵しないカプセルがあるならば、それは全く存在価値はないということになる。真宗教団は親鸞の思想を内蔵する限り、その存在が許されるといえよう。

あとがき

元来親鸞は寺院を建てることをのぞまなかったので、その生存中には一か寺も存在しなかった。死後五、六〇年ごろから寺を建てるものが若干みられ、以後すこしずつ増加している。しかし、その寺院増加の進度は、江戸時代初期までは、きわめて徐々であって、寛永《かんえい》年間（一六二四―一六四四）から急速に増え、現在の真宗寺院二万三、〇〇〇か寺の九〇パーセントは、寛永から江戸中期にいたる間にできたものである。したがって江戸時代までは、真宗の伝道施設としては、道場が主であったといえる。

道場が設けられると、その建物を管理し、信者の集会をリードする道場主が必要となる。あるいは、これとは逆に、篤信者があって、彼を中心とする信者が、集会の場を必要として道場を設立する場合もある。ともかく道場には道場主を必要とする。その道場主は、親鸞のいわゆる非僧非俗を規範とした。

道場の呼び名は、単に道場と称する場合のほか、惣《そう》道場・立合《たてあい》道場・寄合《よりあい》道場・表裏立合《おもてうらたてあい》道

道　場　岐阜県徳山村にあったが，徳山村は昭和62年（1987）にダム建設により廃村となり，この道場ものちに水没した。

場・毛坊《けぼう》道場・辻本《つじもと》道場・下《した》道場・兼帯《けんたい》道場・内《うち》道場・家《いえ》道場・看坊《かんぼう》道場・自庵《じあん》・法名元《ほうみょうもと》・本尊元《ほんぞんもと》・庵《あん》・説教所《せっきょうしょ》などといろいろある。薩摩地方の講道場についても、お座仏《ざぶつ》・講間《こうま》・内寺《うつでら》・里《さと》寺《でら》・小寺《こでら》・花元《はなもと》・番役寺《ばんやくでら》・寺元《てらもと》などと、多くの呼称を有する。

道場主の呼び名も、道場役《どうじょうやく》・道場番《ばん》・道場坊・毛坊主・お講《こう》役《やく》・番役《ばんやく》・お里《さと》さん・親《おや》・おやじ・おとうさん・庵坊《あんぼう》・庵主《あんじゅ》など、これまたさまざまである。

こうした道場・道場主の呼称は、それが地域社会において果たす役割の相違を示すものといえよう。親鸞の念仏が、個人に受容され社会に定着するとき、そこに個人差・地域的偏差は必然的に発生し、そのため右のように数多くの呼び名がつけられたとみられる。

わたしは、ここ一〇年余り、道場や道場主の姿を追って、中部山岳や九州薩摩の村々をたずねた。昨年の夏も、美濃《みの》（岐阜）から飛驒路の道場や山寺をめぐった。その道場や寺々の、人《ひと》気《け》のないガランとした堂内に、さびしく鎮座《ちんざ》する仏たちをみた。それは過疎《かそ》の山村に、若者たちの帰郷を待ちつつ独居する老人の姿にも似て、わびしさを感じさせた。この仏さまは、いつさびしい独り住《ずま》いから解きはなたれて、人びとの中にはいりこんでいくのだろうかと。しかし全国で住職のいない寺院は年々増加しており、独居の仲間入りをする仏さまは、多くなるばかりである。

わたしは飛騨の村々では、特に毛坊主の末裔《まつえい》をたずね歩いた。毛坊主というのは、坊主の頭に毛髪のあることである。元来、坊主頭《ぼうずあたま》といわれるように、僧侶は剃髪《ていはつ》するから頭に毛髪はない。その昔、飛騨の真宗の村々では、頭に毛をもった俗人が僧の役目を果たし、これを毛坊主といった。その飛騨の毛坊主について、江戸時代に書かれた『笈埃随筆《きょうあいずいひつ》』は、つぎのように伝えている。

当国に毛坊主とて俗人でありながら村に死亡の者あれば、導師《どうし》と成りて弔《とぶら》ふなり。訳知らぬ者は、常の百姓よりは一階劣《おと》りて縁組などせずと云へるは僻事《ひがごと》なり。此《この》者ども何れの村にても筋目《すじめ》ある長百姓《おとなひゃくしょう》として田畑の高を持ち、俗人とは云えど出家の役を勤むる身なれば、予《あらかじ》め学問もし経文《きょうもん》をも読み、形状《けいじょう》・物体《ぶったい》・筆算《ひっさん》までも備らざれば、人も帰伏《きふく》せず勤まり難し。

村の指導者階層の知識人が毛坊主になったという。

すでに本文中にも述べたように、村の指導者階層を信者にひきいれ、地域社会をあげて真宗門徒にしようとする方針は、本願寺蓮如がうち出したものであった。蓮如のころ荘園制は急速に崩壊へと向かい、農民の地縁的自治組織である惣村が誕生しつつあった。この惣村の指導者である長百姓《おとなひゃくしょう》たちをまず門徒とし、ついで一般農民を信者にして、地縁的共同体と宗教集団の一体化を図り、実際に飛驒・美濃・近江・北陸にそうした村が成立した。

親鸞は、念仏する者はみな仏の弟子であって、この親鸞の弟子ではない、お互いに平等に結ばれる同行《どうぎょう》・同朋《どうぼう》であるといった。だから親鸞を中心とする集団は、師弟上下の関係によって規律されるほかの教団とは異なっていた。しかも親鸞の教えは、他の仏教のように、家庭をすてて僧になって寺に入り、常に身も心も清らかにする戒律に従わなくともよかった。農民・漁師であろうと、官仕（現代で考えればサラリーマン）であろうと、救われて仏になれた。

かくて親鸞の教えは、在家の生活を保ちながら、念仏に生きようとするもので、いはば飛驒の毛坊主は、親鸞の伝統をうけつぐものであるといえる。

江戸時代初期の政治権力による強制的な檀家制《だんかせい》の実施は、葬式・法会を通じて、形式的に寺と檀家を結合するもので、真宗本来の信を媒介とする門徒組織とはまったく異質のものであった。

檀家制は、宗門改めに端を発する。宗門改めではキリシタンと日蓮宗不受不施派を全国的に禁止するが、九州の島津藩ではこれに真宗が加えられた、島津藩の農村には、厳重な禁教下にありながら、真宗が「かくれ念仏」として、ひろく信仰された。彼等門徒は、講を結成し、深山で、あるいは夜中に、ひそかに集会を開き、阿弥陀仏への信をたかめた。その集会の司祭者、つまり道場主は、さきにも述べたように、お講役・番役など種々の名称で呼ばれるが、これはいわば一種の毛坊主であった。薩摩の門徒は、葬式・法会などの形式的行事は、真言や禅宗の僧にまかせ、お講役を中心に真実の宗教を追求したのである。

現在、薩摩以外の真宗門徒組織は、檀家制を直接の母胎とするものがほとんどで、真宗本来の立場を忘却して、葬式・法会に精をだしているのが実情である。

わたしは飛驒の毛坊主の末裔《まつえい》をたずね、彼等がいまは農業を営み、村役場・学校・営林署・郵便局などに勤めているのをみた。かつての毛坊主も、農業や村役人の仕事にたずさわりつつ、宗教的信念につちかわれた念仏の日々を送っていた。そして彼等のその宗教的心情は、当然、道場の仏さまにも投影していたことであろう。わたしが昨年、毛坊道場の仏さまに、うらぶれた過疎の老人をみたのは、果たしてわたしの錯覚であったのだろうか。

また現在、他の多くの地方に、現代版毛坊主や有髪の尼僧が続出している。この人たちが本当にどれほど親鸞の同朋思想・在家主義をうけつぎ、生かしていることであろうか。

かつて本願寺二二世法主であった大谷光瑞は、その著『見真大師（親鸞）』（大正一一年刊）のなかに、つぎのように述べている。

唯祖先より真宗門徒なるが故に、我も門徒なりと言ふに過ぎず。祖先は自己の信仰によりて門徒たりしならん。我は伝統的に門徒たらざるべからざる理《ことわり》なし。徳川幕府の基督《キリスト》教《きょう》を禁止するや、日本人民を強《しい》て尽《ことごと》く仏教信者たらしめ、尽く寺院に皆門徒たらしむ。其の信たると不信たるとを問はず、純然政策上より来れり。今日、猶《なお》是れを踏襲《とうしゅう》し、無理由・無了解の下に門徒となれり。其門徒の任務は、寄付金をなすと、死者あらば其の付属せる寺院に葬祭を依頼すると、祖先死者の忌日に読経祭祀を請ふに過ぎず。其の他に門徒の行ふ事なし。故に出家と在家の間に、甚しき区別を生じ、大師（親鸞）の遺業を破壊し、不自然・不合理・不完全・不正確の教団を生ぜしめ、其の教団を五逆・誹謗正法《ひぼうしょうぼう》の悪魔の巣窟《そうくつ》たらしむ。

　而《しか》も其の門徒なる大多数は、大師の遺業に暗く、真宗は出家の占有《せんゆう》の如く信じ、外貌《がいぼう》の賢善精進《けんぜんしょうじん》なるものを信仰し、供養せり。夫れ物は需要あれば供給あり。在家門徒にして賢善精進の需要あらば、出家亦《また》是れを供給せざるべからず。是を以て相依《あいよ》り相助《あいたす》け、大師の遺誡《いかい》を破壊し、真宗の頽廃《たいはい》に速力を加ふるに至れり。

現教団は葬祭をもっぱらにし、親鸞の真意をそこなう存在であると指摘する。

　ところで、古代以来、人びとのなかには、葬祭に深い関心がもたれてきた。真宗教団が発展し、多数の人びとを吸収すると、葬祭への強い関心を持つ層の意向を無視し得なくなる。蓮如が、真宗では本来、葬祭を否定するとしながらも、古来よりの美風として祖先供養を大切にすべきであるといったのも、こうした要請にこたえたものであった。

檀家制において、葬祭が人民に義務化されたのも、政治権力による強制とはいいながら、人びとのなかに流れる葬祭への郷愁によるといえよう。

しかし、真宗の憎が葬祭をもっぱらにするということは、明らかに親鸞の本来の在り方にそむくことである。それではどうすればよいのか、その根本的解決法は『見真大師』にも主張するように「先づ第一着に、真宗と名づくる、日本政府に登録せられたる教団を消滅せしむるに在り。教団の名称は、政府には浄土真宗というも、実は浄土偽宗なり。偽を滅するに非ざれば真に帰らず」ということになるであろう。

しかし、念仏者のささやかな同朋集団が、教団として一個の社会的存在に成長し、やがて葬祭にタッチするようになったのは、前述のように、一面には人びとの葬祭にたいする断ち難い思いをよりどころとしており、しかもその歴史は古い。

わたしは、ここで蓮如の御文に「猟すなどりをもせよ、かかるあさましき罪業にのみ、朝夕まどひぬる我等ごときのいたづらものを、たすけんとちかひましますす弥陀如来」であるという、この「猟すなどり」という言葉を「葬祭」におきかえて考えるのである。真宗の僧が追善供養の葬祭を修することは、明らかに親鸞の意向に反することであり、よくないことである。しかし、そうした罪業の生活を送らなければならない人間をこそ、たすけようとするのが弥陀如来であると、いよいよ弥陀の本願を仰ぐべきであると。

真宗の僧は、数百年来、葬祭という罪業をにない、それを糧《かて》として生活を支えてきた。かくて葬祭を罪業と自覚し、この罪業をになわねば生きられない身であり、そうした罪深い人間であるが故に弥陀の救済が存するのであると知らされたとき、そこに親鸞のいのちをつぐ真宗僧としての、あるべき立場がおのずから示されることであろう。

以上のように、わたしは、現教団における葬祭を、こういう形で一応の弁護を試みながら、親鸞の「薬あればとて毒をこのむべからず」との言葉を想起し、わたしのこの姿勢は、いわゆる造悪無碍的ではないかとの思いにさいなまれるのである。

それはともかく、わたしは、六〇余年の間、寺務をとりつつ、念仏をすすめた父に、親鸞のいのちをつぐ真宗僧のあるべき姿を見いだすのである。親鸞の念仏は、父の手を経て幾多の人びとにひきつがれていった。その一人である木村無相さんは、典型的な在家念仏者である。現在（昭和四八年）、彼は東本願寺の同朋会館の門衛をつとめつつ、念仏の日々を送っているが、その生活をうたいあげた『念仏詩抄』につぎのようにのべている。

無相よ―
ていさいをかまうな
カッコええことを
言おうと　するな

書こうと　するな

それよりも　それよりも
よくもわるくも
本音をはけ――
本音をはけ――

そのときどきの
本音をはけ――
本音をはけ――

いまから四〇年ほど前、二人の行脚僧《あんぎゃそう》が、父の寺をおとずれた。その一人が無相さんであった。彼はある学校の先生をしていたが、人生に疑問をいだき、道を求めて各種宗教や道徳団体を遍歴し、やがて真言宗の僧となった。しかし悩みを解決することができず、同僚とともに父をたずねてきた。彼等二人は、親鸞の念仏をきき、やがて数年間、父の寺にとどまった。無相さんは、再び遍歴の旅に出、また寺に帰るというように、来ては去り、去ってはまた来るという生活をつづけた。その間、各地の念仏者を歴訪し、高野山にものぼるという、変転のなかに、親鸞の念仏への傾斜をいよいよ深くし、いまはもはや念仏なくしては過ごせなくなっている。
彼はその心境を『詩抄』につぎのようにうたっている。

生きろ
生きろ
花が花であるように
草が草であるように
生きろ

生きろ
自分を尽《つく》して
生きろ——

生きろ
生きろ
自分を尽して
生きろ——

散るときがきたら
散り
枯れるときがきたら
枯れるがよい

生きろ
生きろ
花のごとくに――
草のごとくに――

こうして
生きていることの
ナムアミダブツ――

しかし、われわれは、わたしの父や無相さんの位置にとどまっているわけにはいかない。父や無相さんをのりこえて進まなくてはならない。その前進は、無相さんや父の生活に、念仏がいかに機能してきたか、親鸞の念仏はいかなるものであるか、ということを知悉《ちしつ》した上、出発信号を出すべきであろう。こうした意味において、親鸞の念仏を知る上に、本書が何らかの手がかりにでもなればと、ひそかに念ずるのである。

親鸞年譜

西暦	年号	年齢	事項
一一七三	承安三	一	誕生
一一七五	安元元	三	（法然、専修念仏を称う）
一一八〇	治承四	八	（源頼朝、兵を挙ぐ）
一一八一	養和元	九	春、慈円の寺で得度
一一八二	寿永元	一〇	恵信尼誕生
一一九八	建久九	二六	（法然、『選択本願念仏集』を著わす）
一二〇一	建仁元	二九	比叡山を下り六角堂に参籠、聖徳太子示現の文を感得、法然の専修念仏に帰す
一二〇四	元久元	三二	一一月八日法然、七か条の制戒をつくり比叡山におくる　親鸞これに僧綽空と署名す
一二〇五	〃　二	三三	四月一四日法然より『選択集』の書写を許され、また法然の影像の図画をも許さる　善信と改名
一二〇七	承元元	三五	二月専修念仏停止、越後国府に流さる（法然は土佐に流さる）
一二一一	建暦元	三九	三月三日恵信尼との間に信蓮房誕生、一一月一七日流罪をゆるさる
一二一二	〃　二	四〇	（一月二五日法然、死す　八〇歳）
一二一四	建保二	四二	上野国佐貫において『三部経』千部読誦をはじめ、やがて中止して常陸に行く
一二二一	承久三	四九	（聖覚、『唯信鈔』を著わす）
一二二四	元仁元	五二	覚信尼誕生、このころ『教行信証』を草す

一二二七	安貞元	五五	（比叡山の衆徒、法然の墓を破壊）
一二三〇	寛喜二	五八	五月二五日『唯信鈔』を書写
一二三一	〃　三	五九	四月病臥し『三部経』読誦の内省を恵信尼に語る
一二三四	文暦元	六二	このころ、京都に帰る
一二三五	嘉禎元	六三	六月一九日『唯信鈔』（平かな）を書写、孫の如信誕生
一二四二	仁治三	七〇	九月二〇日定禅に肖像を描かす
一二四三	寛元元	七一	一二月二一日いや女の譲状を書く
一二四六	〃　四	七四	三月一四日『唯信鈔』を書写、三月一五日『自力他力事』を書写
一二四七	宝治元	七五	二月五日門弟尊蓮『教行信証』を書写
一二四八	〃　二	七六	一月二一日『浄土和讃』『浄土高僧和讃』を著わす
一二五〇	建長二	七八	一〇月一六日『唯信鈔文意』を著わす
一二五一	〃　三	七九	閏九月二〇日『有念無念事』を著わす
一二五二	〃　四	八〇	三月四日『文類聚鈔』を著わす
一二五三	〃　五	八一	（道元、死す 五四歳）
一二五四	〃　六	八二	二月『唯信鈔』を書写、九月一六日『後世物語』を書写、一一月一八日「二河白道譬喩」を延書す
一二五五	〃　七	八三	四月二六日「一念多念分別事」を書写、四月二六日『浄土和讃』を書写、六月二日『尊号真像銘文』（略本）を著わす　六月三日『本願相応集』を書写、六月二二日門弟専信『教行信証』を書写、七月一四日『浄土文類聚鈔』を書写、八月六日『三経往生文類』（略本）を著わす　八月二七日『愚禿鈔』を著わす　一〇月三日笠間の門弟に書状を送る　一一月晦日『皇太子聖徳奉讃』を著わす　朝円、親鸞の肖像を描く

一二五六	康元元	八四	二月九日門弟蓮位、聖徳太子が親鸞を礼拝する夢をみる　三月二三日『入出二門偈』を著わす　三月二四日『唯信鈔文意』を書写、四月一三日『四十八大願』を作り、門弟の疑問に答える法語を写す　五月二八日門弟覚信に返事を書く　五月二九日善鸞を義絶、七月九日恵信尼、覚信尼に下人の譲状を送る　七月二五日『浄土論註』に加点、九月一五日恵信尼、覚信尼に下人の譲状を送る　七月二五日『浄土論註』に加点、九月一五日恵信尼、覚信尼に下人の譲状を送る　一〇月『西方指南抄』を書写、一〇月二五日八字・十字名号を書く　一〇月二八日六字・十字名号を書く　一二月『往相廻向還相廻向文類』を著す
一二五七	正嘉元	八五	二月九日夢告を感得、二月一七日『一念多念文意』を著わす　二月三〇日『大日本国粟散王聖徳太子奉讃』を著わす　三月二日『浄土三経往生文類』（広本）を著わす　閏三月二一日『如来二種廻向』を著わす　五月一一日『上宮太子御記』を著わす　一〇月一〇日門弟性信に書状を送る　一〇月一五日門弟真仏に書状を送る
一二五八	〃　二	八六	六月二八日『尊号真像銘文』（広本）を著わす　一〇月二九日門弟慶信に返事を送る　一二月一四日門弟顕智、三条富小路善法坊において「獲得名号自然法爾」の法語を聞書す
一二五九	正元元	八七	九月『選択集延書』を書写、閏一〇月二九日高田入道に書状を送り覚念の死をいたむ
一二六〇	文応元	八八	一一月一三日門弟乗信に書状を送る　一二月二日『弥陀如来名号徳』を書写
一二六二	弘長二	九〇	一一月下旬病臥、一一月二八日弟尋有の善法坊にて死去　一一月二九日東山鳥辺野にて火葬にす　一一月三〇日拾骨、一二月一日覚信尼、恵信尼に父の死を報ず
一二七二	文永九		墳墓を改修し廟堂を建つ
一二八三	弘安六		覚信尼留守職を覚恵に譲り死す　六〇歳
一二九四	永仁二		覚如『報恩講式』を作る
一二九五	〃　三		覚如『親鸞伝絵』を作る
一三〇〇	正安二		如信死す　六六歳
一三〇一	〃　三		唯善大谷廟堂の横領を企つ
一三一二	正和元		廟堂に専修寺の額を掲げたが、まもなく本願寺と改む

一三三一	元弘元	覚如『口伝鈔』を著わす
一三三六	延元元	大谷廟堂南北朝の兵乱に焼かる
一三五一	正平六	覚知死す 八二歳　従覚『慕帰絵』を作る
一四五七	長禄元	蓮如本願寺第八世を継ぐ

参考文献

辻善之助著　『日本仏教史』（中世篇之二）　昭和二二年　岩波書店

山田文昭著　『親鸞とその教団』　昭和二三年　法蔵館

服部之総著　『親鸞ノート』『続親鸞ノート』　昭和二三・二五年　福村書店

宮崎円遵著　『真宗書誌学の研究』　昭和二四年　永田文昌堂

同　『親鸞とその門弟』　昭和二五年　同

同　『初期真宗の研究』　昭和四七年　同

梅原隆章著　『親鸞伝の諸問題』　昭和二六年　顕真学苑

二葉憲香著　『親鸞の人間像』　昭和二九年　真宗典籍刊行会

同　『親鸞の社会的実践』　昭和三一年　百華苑

笠原一男著　『親鸞と東国農民』　昭和三二年　山川出版社

松野純孝著　『親鸞—その生涯と思想の展開過程』　昭和三二年　三省堂

赤松俊秀著　『親鸞』　昭和三六年　吉川弘文館

森竜吉著　『親鸞—その思想史』　昭和三六年　三一書房

さくいん

〈親鸞・法然の語は除く〉

新《しん》・人《ひと》と歴史《れきし》　拡大版《かくだいばん》　40
親鸞《しんらん》　人間性《にんげんせい》の再発見《さいはっけん》

定価はスリップに表示

2021年4月30日　　初　版　第1刷発行

著　者　千葉《ちば》　乗隆《じょうりゅう》
発行者　野村　久一郎
印刷所　法規書籍印刷株式会社
発行所　株式会社　**清水書院**
〠102－0072
東京都千代田区飯田橋3－11－6
電話　03－5213－7151㈹
FAX　03－5213－7160
http://www.shimizushoin.co.jp

カバー・本文基本デザイン／ペニーレイン
乱丁・落丁本はお取り替えします。　ISBN978－4－389－44140－1